LA LEY DE LA ATRACCIÓN

LA LEY DE
LA ATRACCIÓN

William Walker Atkinson

Versión libre y actualizada
de Mestas Ediciones

MESTAS EDICIONES

PROYECTO
METACRECIMIENTO
Desarrollo Personal y Empresarial

© MESTAS EDICIONES
Avda. de Guadalix, 103
28120 Algete, Madrid
Tel. 91 886 43 80
E-mail: info@mestasediciones.com
www.mestasediciones.com

© Derechos de Traducción: Mestas Ediciones
Correcciones: L.T.

ISBN: 978-84-18765-26-1
Depósito legal: M-21058-2022
Printed in Spain - Impreso en España

Primera edición: *Octubre, 2022*
Segunda edición: *Abril, 2023*
Tercera edición: *Diciembre, 2023*
Cuarta edición: *Marzo, 2024*

Advertencia legal: Queremos hacer constar que este libro es de carácter meramente divulgativo, donde se exponen consejos prácticos para mejorar situaciones personales y/o profesionales. No obstante, las siguientes recomendaciones no son una ciencia exacta, y la información que figura en esta obra no garantiza que se alcancen los mismos resultados que describe el autor en estas páginas, por lo que ni el autor de la obra ni la editorial Mestas Ediciones se hacen responsables de los resultados que se obtengan siguiendo este método. Consulte siempre a un profesional antes de tomar cualquier decisión. Cualquier acción que usted tome, será bajo su propia responsabilidad, eximiéndonos al autor y a la editorial de las responsabilidades derivadas del mal uso de las sugerencias del libro.

INTRODUCCIÓN

UN MUNDO DE POSIBILIDADES INFINITAS

"Si consigues situarte en la misma frecuencia de vibración de aquello que quieres, verás con asombro como en un breve espacio de tiempo aparece en tu vida."

Hay una teoría que me encanta y que me gustaría compartir contigo. Dice que la vida como la conocemos (los cielos, los planetas, todo el universo) proviene de una explosión, de una gran explosión que liberó una enorme cantidad de energía a través de la cual se formó y se sigue formando, por asociación, toda la materia. Se conoce como el Big Bang. Nos cuenta la ciencia que antes de esa descomunal liberación energética, el universo cabía en una pequeña bola, en algo así como una pelota de pimpón, y que después del suceso empezó a expandirse debido a los efectos de la explosión. De hecho, todavía a día de hoy sigue expandiéndose, sigue en movimiento. Continúa en constante evolución y crece y crece y crece, y sigue creciendo. Pero, como te digo, un día estuvo todo junto, comprimido en un espacio tan ridículo como el de una minúscula pelotita. Todo era uno. Todo estaba unido.

Podría hacer un símil y decir, para que lo entiendas de una manera más gráfica, que el universo es como un bebé que nació, se desarrolló y que ahora se ha convertido en una persona adulta. Sin embargo, comprenderás que por más viejo y más grande que se haya convertido, sigue siendo la misma persona. Su mano seguirá siendo parte de él por muchos años que pasen y se mantendrá conectada al brazo o al pie o a la cabeza y entre todas las partes seguirían formando un todo, el sujeto en cuestión.

Ese universo que se expande también forma un todo, y sigue siendo, en el fondo, aunque sea más viejo y más grande, aquello que estaba dentro de la pelota de pimpón. Y nosotros, y nuestro planeta, seríamos parte de lo que salió de ahí y estaríamos ubicados dentro de él, seríamos una parte diminuta, pero vinculada a todas la demás partes a través de la misma energía que dio origen al Big Bang. No seríamos algo independiente, sino que al igual que la mano está unida al brazo y forma parte del cuerpo, nosotros estaríamos unidos, mediante ese manto energético que no podemos apreciar a simple vista, a todas las demás cosas (personas, objetos, naturaleza, planetas...) y formaríamos parte de un todo.

> *"Ningún hombre es una isla, completo en sí mismo; todo hombre es un fragmento del continente, una parte de su conjunto."*
>
> **John Donne**

Willian Walker Atkinson, uno de los máximos exponentes del Nuevo Pensamiento, entendió esta teoría tiempo antes de que se formulase. Sabía que esta energía que nos une, conseguía que estuviésemos ya en contacto con todas aquellas cosas que deseamos. Lo cual quiere decir que, de una o de otra manera, "tenemos" en estos momentos todo lo que necesitamos y queremos. Solo hace falta atraerlo a nuestra realidad inmediata y física. Pero ¿cómo hacerlo? ¿Cómo se puede conseguir algo así?

Tranquilo, por suerte tienes en tus manos un libro que, página a página, se convertirá en un mapa, en una brújula que te indicará el camino que debes seguir para alcanzar tus propósitos. A través de este viaje encontrarás la llave para sentir la verdadera felicidad.

Porque dime una cosa, ¿eres feliz? ¿Sí? ¿Pero realmente feliz? ¿Crees que tienes en tu vida todo aquello que te gustaría que estuviese? Me atrevería a decir que no, que sientes ese cosquilleo en el estómago que dice que te falta algo, que no acabas de tener la vida que crees que te mereces. Pues si es así, este libro puede ser tu solución. De hecho, es uno de los libros de superación más influyentes de todos los tiempos.

¿Y por qué? Simple y llanamente porque explica de una forma amena un principio universal que no falla: atraemos aquello en lo que nos enfocamos. Esa es la razón por la cual tenemos tantas cosas que no deseamos en nuestra vida, nos pasamos el día concentrados en lo que no queremos, en lugar de elegir qué es lo que nos gustaría tener y luchar por mantener nuestra energía enfocada en todo aquello que deseamos. Sí. ¡Soñar con nuestros deseos! Y hacerlo cuantas más veces, mejor, hasta que lleguen a nuestra vida.

LA LEY DE LA ATRACCIÓN de Atkinson te enseñará a enamorarte de las personas, circunstancias y cosas que faltan en tu existencia, te ayudará a atraerlas de una manera fácil y te demostrará que mereces todo lo mejor y que ya nunca más te faltará nada de lo que necesites —ya sea dinero, amor, salud, etc.—, siempre y cuando, sigas sus sencillas recomendaciones.

"A menudo nos convertimos en lo que creemos ser. Si creo que no puedo hacer algo, me hace incapaz de

hacerlo. Cuando creo que puedo, adquiero la capacidad de hacerlo, aunque no la tuviera al principio."

Gandhi

Aquí no hay truco. La vida tiene sus propias reglas y si nos adaptamos a ellas, seremos capaces de conseguir cosas que a día de hoy nos parecen imposibles.

El primer cambio debería ser interior. Nuestros pensamientos nos bombardean, nos llevan, la mayoría de las veces, por caminos que no queremos transitar y nos impiden ver la luz. Tenemos que conseguir acallar nuestra mente y dominar nuestra conversación interior, puesto que nuestros pensamientos dominantes se convertirán en nuestra realidad, como bien nos hace entender Atkinson a través de estas páginas. ¿Una locura? Puede que sí. Pero da la casualidad, como te he comentado, que hoy la ciencia y la física cuántica están corroborando hechos que hace cien años parecían más cosa de magia y de ocultismo que de principios universales. Nuestros pensamientos vibran y atraen circunstancias, personas, nuevos pensamientos y cosas que están en la misma frecuencia. Lo semejante atrae a lo semejante. Por eso no es difícil entender por qué inundamos nuestra vida con tantos elementos negativos. ¡Nos pasamos el día pensando en ello! Quejándonos, juzgando, temiendo lo peor. ¿Cómo nos puede extrañar que después nos pase lo que nos pasa?

Debemos diseñar nuestra vida adquiriendo el hábito de pensar en positivo, silenciando todo el ruido que nos desvía del camino necesario para conseguir nuestras metas. Para ello tendríamos que eliminar al miedo, matarlo de hambre, dejando de alimentarlo con esa vocecita interna que nos está taladrando la cabeza todo el día. ¿Sabes de qué vocecita hablo? Sí, claro que sí. Es ese pequeño diablillo que siempre nos está mostrando el lado malo de las cosas y que nunca parece contento con nada. ¡A ese, ni agua! Sin él el miedo pierde toda fuerza y nosotros empezamos a comportarnos como las personas que deberíamos llegar a ser.

Este libro te enseñará que tienes que ser valiente, tener fe en la vida y aceptar todo aquello que te pertenece por el simple hecho de haber nacido. Descubrirás el poder que ejercen las emociones y los sentimientos. Y que vivimos en un mundo donde hay un suministro inagotable de energía, esa energía que te atraerá con la fuerza de un imán todo aquello que tu corazón necesita para sentirse plenamente feliz. Entenderás la importancia que tiene dominar tus hábitos de conducta y de pensamiento para conseguir una conexión fluida con la fuente originaria, esa que hace millones de años estaba recluida en una diminuta pelotita de pimpón y que hoy te brinda la oportunidad, si tú quieres, de ser la persona más grande de este universo. ¿Te atreves?

El editor

"Nuestras mentes subconscientes no tienen sentido del humor, no juegan bromas y no pueden distinguir la realidad de un pensamiento o una imagen imaginada. Lo que continuamente pensamos eventualmente se manifestará en nuestras vidas."

Robert Collier

CAPÍTULO 1

LA LEY DE LA ATRACCIÓN EN EL MUNDO DEL PENSAMIENTO

"Las vibraciones producidas por nuestros pensamientos crean nuestra realidad."

El mundo está gobernado por la ley, por una gran ley que rige nuestras vidas de principio a fin.

Sus manifestaciones son multiformes, pero, en realidad, por muchas vueltas que le demos, solo hay una ley. Estamos familiarizados con algunas de sus manifestaciones, pero ignoramos la mayoría de ellas. Cada día seguimos aprendiendo un poco más de todo esto: el velo se descorre poco a poco y empezamos a entender de forma más exhaustiva de qué manera funciona nuestra realidad, nuestro mundo, nuestro universo.

Hablamos de la ley de la Gravedad como si la conociésemos perfectamente, pero ignoramos que esta es una maravillosa manifestación de LA LEY DE LA ATRACCIÓN. Hoy en día tenemos una idea, aunque sea lejana, de cómo funciona la ley que atrae y mantiene los átomos que componen la materia. Sabemos que hay un poder que une los cuerpos a la tierra, y que es el mismo que sostiene los planetas gravitando en su lugar correspondiente, pero ignoramos la poderosa ley que nos conduce a las cosas que deseamos o tenemos, y que crea o arruina nuestras vidas.

Cuando entendamos que el Pensamiento es una fuerza —una manifestación de energía— con un poder de atracción similar a un imán, empezaremos a entender muchas cosas que hasta ahora desconocemos. No hay un estudio que compense tan bien al estudiante por su tiempo empleado como el estudio del funcionamiento de la Ley de la Atracción.

Un potente imán podrá enviar vibraciones y ejercerá una fuerza suficiente como para atraer a sí mismo una pieza de acero que pese cien kilos, pero no podremos ver, probar, oler, oír o sentir la poderosa fuerza. De igual manera, **las vibraciones del pensamiento no pueden ser vistas, probadas, olidas, escuchadas o sentidas de manera ordinaria**.

Cuando pensamos transmitimos vibraciones de una sustancia fina y etérea, que es tan real como las vibraciones que manifiestan luz, calor, electricidad y magnetismo. Que estas vibraciones no sean evidentes para nuestros cinco sentidos no quiere decir que no existan.

Sin embargo, existen casos documentados de personas particularmente sensibles a las impresiones psíquicas, que han percibido potentes ondas de pensamiento. También es cierto que muchos de nosotros podemos decir que hemos sentido las vibraciones del pensamiento de otras personas, en presencia del emisor y/o a distancia. La telepatía y sus fenómenos asociados no son ninguna tontería, y en el fondo de nuestros corazones, todos sabemos que existen y que son tan reales como el acto de respirar.

La luz y el calor se manifiestan a través de vibraciones de una intensidad mucho menor a las del pensamiento, pero la diferencia estriba exclusivamente en la tasa de vibración. Los anales de la ciencia aportan luz sobre esta cuestión. La profesora Elisha Gray, una eminente científica, comenta en su libro, "The Miracles of Nature":

Se especula mucho acerca de la existencia de ondas sonoras que el oído humano es incapaz de captar, y ondas de luz que el ojo no puede percibir. Entre el enorme, oscuro y mudo espacio que existe entre 40.000 y 400.000.000.000.000 de vibraciones por segundo, y la infinitud de rango en 700.000.000.000.000 de vibraciones por segundo, donde la luz cesa, en el universo del movimiento, hay un enorme campo abierto para realizar todo tipo de especulaciones.

M.M. Williams afirma en su obra titulada "Short Chapters in Science":

Entre las ondulaciones más rápidas, que se producen por la sensación que el sonido nos deja, y las más lentas, no existe una gradación perceptible. Existe

un enorme vacío entre ellas, lo suficien-
temente grande como para incluir otro
mundo de movimiento entre medias.

Cito estas autoridades solo para daros ideas sobre las que reflexionar, mi propósito no es demostrar la existencia de las vibraciones del pensamiento. Eso es algo tan obvio que toda prueba superior me resulta totalmente redundante e innecesaria. Bastará una pequeña reflexión, por tu parte, para demostrarte que lo que digo coincide con tus propias experiencias.

Estamos acostumbrados a oír la conocida declaración de la Ciencia Mental "los pensamientos son cosas". Es una frase muy bonita, muy efectiva y muy cierta. Pero la utilizamos sin saber realmente qué quiere decir y sin ser conscientes de todo lo que significa y todo lo que podría significar. Si entendiéramos en toda amplitud la verdad de esta afirmación, seríamos capaces de entender muchas cosas que nos han resultado ajenas y extrañas hasta este momento. Podríamos utilizar la maravillosa energía de la fuerza del pensamiento, igual que utilizamos cualquier otra manifestación de energía. Seríamos los creadores conscientes de nuestra existencia y nuestra vida sería, sin más, el resultado de nuestros deseos y expectativas.

Como ya he comentado, **cuando pensamos activamos las vibraciones del movimiento de un nivel muy elevado**. Un nivel igual de real que el de las vibraciones del movimiento de luz, calor, sonido y electricidad. Cuando entendamos las leyes que gobiernan la producción y transmisión de estas vibraciones, podremos ser capaces de usarlas en nuestro día a día, igual que lo hacemos con otras formas de energía más conocidas.

Que no seamos capaces de ver, oír, pesar o medir estas vibraciones no demuestra que no existan. Hay ondas de sonido que los humanos somos incapaces de oír, aunque algunas de ellas son sin duda captadas por el oído de algunos insectos, y otras son registradas por instrumentos extremadamente sensibles inventados por el ser humano; no obstante, existe una enorme brecha entre las ondas de sonido y algunas formas de vibración.

Existen ondas de luz que el ojo humano no puede registrar, algunas de las cuales pueden ser detectadas por instrumentos más precisos, y muchas más, tan finas, que no existe instrumento hoy en día inventado que pueda detectarlas, aunque cada año se crean mejoras que hacen que el terreno inexplorado sea cada vez menor.

La invención de nuevos instrumentos hace que se registren nuevos tipos de vibraciones. Sin embargo, estas vibraciones eran tan reales antes de ser captadas por estos nuevos instrumentos como lo son ahora. La única diferencia es que en estos momentos las podemos registrar sin problema alguno. ¡Pero siempre existieron!

Suponiendo que no tuviéramos instrumentos para medir el magnetismo, uno puede sentirse justificado para negar la existencia de esa poderosa fuerza, porque no podría ser degustada, sentida, oída, escuchada, vista, pesada o medida. Pero ¿eso podría hacer que un imán dejase de atraer a otros imanes o al metal? No, claro que no. El magnetismo funciona hoy y funcionará mañana. Siempre será así.

Cada forma de vibración requiere su propio instrumento para ser captada.

Actualmente, el cerebro humano parece ser el único instrumento capaz de registrar ondas de pensamiento, aunque los ocultistas crean que los científicos de este siglo inventarán aparatos suficientemente sensibles como para recoger y registrar este tipo de impresiones. Y por la información de la que disponemos en estos momentos, parece que dicho invento pueda aparecer en cualquier momento. Sin duda la demanda existente será satisfecha en breve. Pero para todos aquellos que han experimentado en el campo de la telepatía práctica no requieren más demostraciones que los resultados de sus propios experimentos.

Enviamos de forma continua pensamientos de mayor o menor intensidad, provocando y almacenando sus resultados. No solo nos influyen las ondas de pensamiento a nosotros mismos y a los demás, sino que tienen un extraordinario poder de atracción. Ese es el gran secreto de la vida. Nuestras ondas de pensamiento atraen hacia nosotros los pensamientos de otros, objetos, circunstancias, personas y "la buena suerte", de acuerdo con el carácter dominante del pensamiento en nuestras mentes.

Los pensamientos de amor nos atraerán el amor de los demás, las circunstancias y acontecimientos positivos de acuerdo con este pensamiento; así como personas con pensamiento parecido.

Los pensamientos de enfado, odio, envidia, malicia y celos nos conducirán hacia un gran torrente de pensamientos putrefactos fluyendo hacia las mentes de los otros, con lo cual, tarde o temprano, recibiremos una buena cantidad de circunstancias putrefactas que inundarán nuestra vida de todo lo que hemos proyectado.

Un pensamiento intenso o mantenido en el tiempo, nos convertirá en el centro de atracción de ondas de pensamiento similares a las que estamos emitiendo al universo. Como en el mundo del pensamiento, uno recoge lo que siembra. Dios los cría y ellos se juntan en el mundo del pensamiento, las maldiciones vuelven a casa como las aves al pajar, y traen con ellas a sus amigos, a todo lo que le es afín.

El hombre que está enamorado ve el amor por todas partes y lo atrae hacia sí; mientras que aquel que odia de corazón, recibe todo el odio que pueda soportar.

El hombre que piensa en la lucha, mantendrá batalla contra todo y contra todos de forma constante. **Siempre sucede así, cada uno recibe lo que pide al universo a través de la telegrafía sin cables de la mente**.

El hombre que se levanta por la mañana sintiéndose de mal humor suele conseguir que el resto de su familia esté malhumorada antes del final del desayuno. La mujer insistente suele enfrentarse a lo largo del día a todo aquello que alimenta su insistencia.

Esto de la ley de la atracción en el mundo del pensamiento y de las posibilidades infinitas es algo muy serio. Cuando empiezas a entender su funcionamiento, te das cuenta de que un hombre crea absolutamente siempre las circunstancias que le rodean en la vida, aunque se pase el día maldiciendo por ellas y echándole las culpas a otros.

He conocido personas que entendieron esta ley y que mantienen, la mayoría de las veces, un pensamiento positivo y relajado, y que no se ven afectados en absoluto por la falta de armonía que les rodea, permanecen seremos mientras la tormenta brama a su alrededor.

Uno no se halla a merced de las caprichosas idas y venidas del pensamiento tras haber comprendido el funcionamiento de la Ley, porque sabe que debe dominar su forma de pensar, ya que esta le traerá la realidad que se transformará en su vida.

Hemos pasado por la era de la fuerza física para llegar a la de la supremacía intelectual. Ahora entramos en un campo nuevo y casi desconocido, el de la energía psíquica. Este campo establece leyes y debemos familia-rizarnos con ellas o estaremos superados por estas.

Intentaré aclararte los importantes principios que subya-cen en este nuevo campo que se abre ante nosotros, para que puedas usar esta gran energía y aplicarla con propó-sitos legítimos y dignos, tal y como el hombre utiliza la electricidad, el gas, el petróleo u otras formas de energía hoy en día. **Lo importante es que tú acabes dominando completamente todos los usos que pone ante ti esta importante ley, y que consigas que tu vida se convierta en todo aquello que siempre soñaste.**

CAPÍTULO 2

LAS ONDAS DEL PENSAMIENTO Y SU PROCESO DE EXPANSIÓN

"Nos convertimos en aquello que pensamos que seremos."

El pensamiento produce ondas que se extienden sobre su propio océano como una piedra lanzada al agua.

No obstante, existen diferencias: las ondas en el agua se mueven en un único plano en todas direcciones, mientras que las ondas del pensamiento se mueven en todas direcciones desde un centro común, tal y como lo hacen los rayos de sol.

Al igual que en la tierra estamos rodeados por un mar de aire, también estamos rodeados por un "mar de mente". Nuestras ondas de pensamiento se mueven por el vasto éter mental, extendiéndose por todas direcciones, como he explicado, disminuyendo la intensidad según la distancia recorrida, a causa de la fricción de las ondas que entran en contacto con el gran cuerpo de mente que nos rodea por todos lados.

Estas ondas de pensamiento tienen otras cualidades distintas a las que poseen las ondas sobre el agua. Tienen la propiedad de reproducirse por sí mismas; en este sentido se parecen más a las ondas sonoras que a las ondas sobre el agua. Al igual que una nota del violín causa que el cristal más fino vibre y "cante", también un pensamiento intenso tiende a despertar vibraciones similares en las mentes sintonizadas para recibirlo. Muchos de esos "pensamientos erráticos" que nos llegan no son sino reflejos o "vibraciones respuesta" a ciertos pensamientos intensos enviados por otros. Pero a menos que nuestras mentes estén sintonizadas para recibirlos, el pensamiento probablemente no nos afectará.

Si pensamos de forma intensa y elevada, nuestras mentes adquieren cierta tonalidad que corresponde al carácter de los pensamientos que hemos tenido regularmente. Una vez establecida esta tónica, estaremos en situación de captar las vibraciones de otras mentes moduladas respecto al mismo pensamiento. O lo que es lo mismo, estaremos en perfecta sintonía con todo aquello que vibra de forma similar.

> Somos en gran parte aquello que hemos pensado de nosotros. Nos convertimos en aquello que pensamos que seremos.

Nuestra actitud mental determina nuestro carácter.

El hombre que cree firmemente en sí mismo, y mantiene una actitud mental intensa y positiva de confianza y determinación, no tiende a verse afectado por los pensamientos adversos y negativos de desánimo y fracaso que pudieran emanar de las mentes de otras personas. Al mismo tiempo, esos pensamientos negativos, si alcanzan a alguien cuya actitud mental está sintonizada en un tono bajo, profundizarán su estado negativo y echarán leña al fuego que consume su energía y actividad. Por esa razón es tan importante mantenerse en un alto nivel de vibración, para que de ese modo ninguna condición negativa pueda afectarnos de ninguna manera.

Atraemos los pensamientos ajenos que son del mismo orden. Quien piensa en el éxito, sintonizará con aquellos que piensen parecido, y ambos se ayudarán para conseguir sus objetivos. Quien permite que su mente deambule constantemente entre pensamientos de fracaso entra en contacto con las mentes de otros "fracasados", y cada una de estas mentes tenderá a hundir más a las otras. Quien piensa que todo es malo está capacitado para ver al diablo y entrará en contacto con aquellos que parecerán demostrar su teoría. Y quien busque lo bueno en todo, y en todos, es probable que atraiga a las cosas y las personas que correspondan a esa manera de pensar.

> Vemos y encontramos todo aquello que buscamos.

Serás capaz de entender esta idea con más claridad si piensas en los aparatos de radio, que reciben vibraciones únicamente de la emisora que está sintonizada en la misma onda, mientras que otras señales pasan por el aire cerca sin afectar al equipo de recepción de la radio. La misma ley puede aplicarse a las operaciones del pensamiento.

> Solo recibimos aquello que corresponde a nuestra sintonía mental.

Si nos encontramos desanimados, podemos tener por seguro que caeremos en un tono negativo, y que no solo nos veremos afectados por nuestros propios pensamientos deprimentes, sino que también recibiremos otros de carácter similar, que son enviados continuamente por las mentes de otros desafortunados que no conocen todavía la Ley de la Atracción.

Si nos elevamos a las alturas de la energía y el entusiasmo, nos llegarán rápidamente pensamientos animosos, atrevidos, energéticos y positivos enviados por los hombres y mujeres de todo el mundo. Podremos reconocer esto sin mayor problema cuando entremos en contacto con la gente y sintamos sus vibraciones estimulantes.

Cuando tu mente opera en términos positivos te sientes fuerte, boyante, radiante, contento, confiado y valiente, y puedes llevar a cabo tu trabajo de forma eficaz. Emites pensamientos positivos intensos, que afectan a otras personas, consiguiendo que cooperen contigo o te sigan como líder, dependiendo de su propia tonalidad mental.

Cuando te encuentras en el extremo negativo, te sientes deprimido, débil, pasivo, aturdido, temeroso y cobarde. Y te encuentras incapaz de llevar a cabo tus intenciones o triunfar. Y tu efecto sobre los demás es prácticamente nulo. Estás atrapado en una bola de cristal y las personas más positivas, las que sí que confían en sí mismas, te utilizan a su antojo.

En algunos individuos parece que predomina el elemento positivo, y en otros el negativo parece ser más evidente. Pero claro está, los grados de positivismo y negativismo varían, y B puede parecer negativo para A, mientras que a C le parece positivo.

Cuando dos personas se conocen por primera vez suele existir un conflicto de silencio mental en el que sus respectivas mentes prueban la calidad de la positividad y establecen la posición relativa entre ambos. Este proceso puede ser en muchos casos inconsciente, pero ocurre de igual modo. El ajuste suele ser automático, pero en ocasiones la lucha es tan enconada (los oponentes encajan tan bien) que la cuestión se abre paso en las consciencias de las dos personas. Algunas veces las dos partes son tan parecidas en su grado de positividad que no consiguen llegar a un acuerdo mental; no pueden llevarse bien entre ellas y se sienten mutuamente repelidas y separadas, o bien permanecen juntas entre disputas y discusiones constantes.

Somos positivos o negativos para todos aquellos con los que mantenemos contacto. Podemos ser positivos para nuestros hijos, empleados y dependientes, pero al mismo tiempo somos negativos para otros, con los que ocupamos posiciones inferiores o a los que hemos permitido que se impongan sobre nosotros.

Sin embargo, puede ocurrir algo y convertirnos de repente más positivos para el hombre o la mujer hacia los que hasta ese momento éramos negativos. Los casos de este tipo son bastante frecuentes. Y cuando el conocimiento de estas leyes mentales se vaya generalizando, veremos más casos de personas que se hacen valer utilizando su novedoso poder.

Recuerda que posees el poder de elevar el tono de tu mente hasta una cota positiva gracias a tu fuerza de voluntad. Y que, por supuesto, también es cierto que puedes dejarte llevar por un tono bajo y negativo a merced de la dejadez o de una débil voluntad mental. Tú eliges.

Existe más gente en el plano del pensamiento negativo que en el plano positivo, y por ello hay más vibraciones negativas del pensamiento en nuestra atmósfera mental. Pero, por suerte para nosotros, esto se ve equilibrado por el hecho de que **un pensamiento positivo es infinitamente más potente que uno negativo**, y si la fuerza de voluntad nos eleva a un tono mental más elevado, podemos cortar de raíz los pensamientos depresivos y aceptar las vibraciones que correspondan a nuestra renovada actitud mental. Este es uno de los secretos de las afirmaciones y autosugestiones utilizadas por las diversas escuelas de Ciencia Mental y otros enfoques del Nuevo Pensamiento. No existe mérito alguno en las afirmaciones en sí mismas, pero tienen un doble propósito:

1. Tienden a establecer nuevas actitudes mentales en nosotros y actúan en el perfecto desarrollo del carácter positivo, es la ciencia de autotransformación.

2. Tienden a elevar el tono de la mente, de manera que podemos beneficiarnos de las ondas de pensamiento positivo de otros en el mismo plano de pensamiento.

Tanto si creemos o no, estamos constantemente haciendo afirmaciones. Todo el tiempo estamos estableciendo conversaciones con nosotros mismos que derivan en afirmaciones, positivas o negativas, que se afianzan en nuestra mente subconsciente. Y determinan nuestras creencias.

Quien asegura que puede hacer algo (y lo afirma con ganas) desarrolla en sí mismo las cualidades que facilitan la consecución de aquello que desea, y al mismo tiempo sitúa su mente en el tono adecuado para recibir las ondas de pensamiento que puedan ayudarle a lograrlo.

Si, por otra parte, uno cree y siente que va a fracasar, finalmente ahogará y sofocará los pensamientos que provienen de su propia mente subconsciente, que tienen como objetivo ayudarte, y acabará fracasando, pues es lo que espera que ocurra. Esto es algo que está a la orden del día en nuestro mundo. Estoy seguro de que tú mismo habrás podido comprobar en tus propias carnes esto que te cuento.

No debes dejarte afectar nunca por los pensamientos adversos y negativos de aquellos que te rodean. Por eso debes elevarte a niveles superiores, por encima de las vibraciones de los planos de pensamiento inferiores. Entonces serás inmune a las vibraciones negativas y entrarás en contacto con la intensa vibración del pensamiento positivo procedente de los que ocupan el mismo plano de desarrollo que tú.

Mi propósito es dirigirte y formarte acerca del uso adecuado del pensamiento y la voluntad, para que puedas usarlos correctamente y ser capaz de emplear la frecuencia positiva en cualquier momento que puedas necesitarla.

No es necesario tocar la frecuencia más elevada en todo momento. Lo más conveniente es mantenerte en un tono que te resulte cómodo, sin mucho esfuerzo, y tener en cuenta los medios para poder elevar dicho tono cuando la ocasión así lo requiera.

A través de este conocimiento no estarás a merced de las antiguas acciones automáticas de la mente, sino que será esta la que se encuentre bajo tu control.

El desarrollo de la voluntad es muy parecido a la evolución de un músculo, es solo una cuestión de práctica, cuanto más se ejerce, mayor es la mejora. Al principio es normal que nos resulte cansado, pero tras cada intento va cobrando fuerza hasta que esa nueva fuerza se vuelve real y permanente.

Mediante la práctica inteligente y constante de tu voluntad, tu vibración se reforzará de tal manera, que tu estado habitual será el de poder responder siempre con un "plus"; algo muy parecido al hecho de sacar fuerzas de flaqueza, incluso cuando la energía te está abandonando. Alcanzarás un grado tan importante de poder que no te lo podrás ni imaginar.

No me malinterpretes, pues no defiendo que estés en un estado permanente de alta tensión. Esto no es lo deseable no solo porque te canse, sino también porque a veces te parecerá necesario aflojar la tensión y volverte receptivo para poder absorber impresiones nuevas.

Es preciso poder relajarse y asumir cierto grado de receptividad, sabiendo que se está siempre en situación de recuperarse y adoptar un estado más asertivo, según se desee. La persona que siempre es asertiva suele disfrutar mucho más. Al ser asertivo te expresas; al ser receptivo aceptas impresiones.

El asertivo es el maestro, mientras que el receptivo es el alumno. No solo es bueno ser un buen maestro, también es importante saber ser un buen oyente.

CAPÍTULO 3

ALGUNOS CONCEPTOS SOBRE LA MENTE

"Nuestros pensamientos activos sustituyen a los pasivos. De esta manera, podremos cambiar los hábitos negativos por otros positivos que nos lleven al éxito."

El ser humano solo tiene una mente, pero tiene muchas facultades mentales.

Cada facultad es capaz de funcionar en dos direcciones distintas. Por eso deberíamos distinguir entre pensamiento activo y pensamiento pasivo. El primero es un recién nacido, fresco, nuevo, mientras que el segundo es de creación menos reciente, y, de hecho, es el resultado de los hábitos de conducta ya establecidos. O sea, de nuestra forma de pensar consolidada.

El pensamiento activo sería ese pensamiento nuevo que no responde a actitudes o hábitos ya adquiridos, se abre camino, apartando las ramas que le cortan el paso y golpeando las piedras que interrumpen su recorrido. El pensamiento pasivo sería, por el contrario, el que tenemos a causa de unas rutinas y comportamientos mentales adquiridos, ya conocidos, antiguos, discurre a través de los senderos ya transitados, no establece ni visita nuevos territorios, se mueve por espacios conocidos y no aporta nada novedoso.

La acción causada por el pensamiento prolongado, provoca hábitos en el ser humano, es decir, respuestas automáticas ante los mismos estímulos. Y esto será así hasta que ejecutemos otra serie de pensamientos activos que desbloqueen estos comportamientos pasivos y creen nuevos hábitos de conducta y de pensamiento. Lo que significa que podemos sustituir nuestras antiguas formas de pensar (las pasivas) por nuevas (las activas). La función activa crea, cambia o destruye.

La función activa tiene el poder de enviar vibraciones que neutralizan los pensamientos antiguos. Pero los impulsos del pensamiento, una vez que se han iniciado, continúan vibrando en términos pasivos hasta que son corregidos por impulsos activos. Si no se corrigen pronto, acabarán derivando en "hábitos", con lo cual luego serán mucho más difíciles de enmendar o revertir, por la propia "fuerza del hábito". Esto quiere decir que si nos acostumbramos a pensar de una determinada manera, luego es mucho más difícil de reconducir el cambio, puesto que acomodamos a nuestro cerebro a pensar en una dirección concreta.

La aparición de nuevas circunstancias, o lo que es lo mismo, nuevos problemas, requiere del ejercicio de un pensamiento activo; mientras que un problema o tarea familiar puede manejarse con facilidad a través del pensamiento pasivo, sin ayuda de su hermano más dinámico.

En la naturaleza existe una tendencia instintiva en los organismos vivos a realizar ciertas acciones, la tendencia a buscar lo que satisface sus necesidades, sería un instinto básico de supervivencia. Se trataría de un impulso mental pasivo que tiene su origen en nuestro instinto animal.

En el reino vegetal resulta sencillo constatar esta tendencia, por ejemplo, vemos que las plantas crecen por una especie de "fuerza vital". Es, sin embargo, una manifestación de intelecto rudimentario, que funciona según el esfuerzo o pensamiento pasivo.

En el reino animal inferior también encontramos un elevado grado de esfuerzo mental pasivo. En diversas familias y especies, sin embargo, encontramos una cantidad considerable de intelecto activo. De hecho, la demostración del uso de la voluntad exhibida por un animal inteligente suele ser tan elevada como la demostrada por tipos inferiores de seres humanos o por niños pequeños.

El ser humano, la forma de vida más elevada en este planeta, tiene un gran uso del intelecto pasivo, pero también tiene un intelecto pasivo mucho más desarrollado del que demuestran los animales inferiores. El problema es que no se utiliza, por comodidad, pereza o desconocimiento, todo lo que debería utilizarse. Deberíamos ejercer nuestra voluntad en todo momento y hacer que nuestra capacidad de emplear los pensamientos activos se convirtiese en la llave para crear la vida de nuestros sueños. Pero no lo hacemos, en muchos momentos parecemos "borregos humanos", dejándonos llevar por la vía fácil, por los procesos mentales pasivos y por sus respuestas automáticas, sin hacer uso del infinito potencial que nos podría proporcionar un pensamiento activo.

Si de verdad quisiesen, las personas podrían utilizar su pensamiento activo para crear su realidad, pero prefieren dejarse llevar, no esforzarse por dominar su propio intelecto y ser parte de la tripulación, en lugar de ser el capitán de su propio barco.

La evolución del mundo y del ser humano está supeditada al ejercicio constante, y a voluntad, de las nuevas formas de pensamiento activo sobre las pasivas. Es el progreso de la vida.

Esta ley de la evolución permanece en movimiento. El ser humano está empezando a desarrollar nuevas potencias de la mente. Algunas personas han desarrollado estas nuevas facultades en un grado considerable, y es posible que no pase mucho tiempo antes de que el ser humano sea capaz de ejercitarlas siguiendo los principios de sus funciones activas. De hecho, este poder ya ha sido desarrollado, es uno de los grandes secretos de los ocultistas orientales y también de algunos de sus coetáneos occidentales.

La docilidad de la mente hacia la voluntad puede aumentar a través de una adecuada y dirigida práctica. Eso que denominamos el "reforzamiento de la voluntad" es en realidad el entrenamiento de la mente con el fin de que esta reconozca y absorba este poder interior. La voluntad es lo bastante fuerte, no necesita ser reforzada, pero la mente debe formarse para recibir y actuar según las sugerencias de la voluntad. La voluntad es la manifestación externa del YO SOY. El flujo de voluntad discurre con toda su potencia por la carretera espiritual, que está situada en un nivel superior. Por eso debes aprender a elevar tu automóvil para situarte en dicha carretera antes de poner en marcha ese coche. Se trata de una idea distinta de la que generalmente se recibe de escritores que hablan de la "fuerza de voluntad", pero es correcta, como podrás demostrarte si realizas los experimentos apropiados de manera adecuada.

La atracción del TODO impulsa al ser humano hacia arriba, y la fuerza vibratoria del Impulso Primario todavía no se ha agotado, ni se agotará nunca, porque es infinita.

Ha llegado el momento del desarrollo evolutivo en el que el ser humano es capaz de ayudarse a sí mismo. Aquel que comprende la Ley puede realizar maravillas gracias al desarrollo de las potencias de la mente, mientras que el que da la espalda a la voluntad puede sufrir por su desconocimiento de la Ley de la atracción, ya que vivirá a expensas de los golpes de la vida y no intervendrá en ella, con voluntad manifiesta, para conseguir las cosas y circunstancias que desea.

Por eso, **te insto a que desarrolles las facultades y potencias latentes en tu interior y que aprendas a manifestarlas llevándolas a un nivel superior. Debes saber que tanto las acciones pasivas como las activas son herramientas a tu servicio que te ayudarán a dejar el miedo atrás y a disfrutar de tu libertad. Ese es el gran secreto del YO SOY.**

CAPÍTULO 4

LA CONSTRUCCIÓN DE LA MENTE

"Puedes dominar cualquier emoción, apetito, pasión o pensamiento gracias a la reafirmación de la voluntad."

El ser humano puede controlar su mente y acceder al mundo de posibilidades infinitas que esta le ofrece. De hecho, lo hacemos constantemente, tanto de forma consciente como inconsciente, a través de nuestros pensamientos.

Muchos de nosotros hacemos este trabajo de manera inconsciente, pero aquellos que pueden ver un poco por debajo de la superficie de las cosas se hacen cargo de la cuestión y se transforman en creadores conscientes de su propia realidad. Dejan de estar sometidos a las sugestiones e influencias de otros, ya que, **en el momento que deciden hacerse cargo de su propia capacidad mental, se convierten en los dueños de su propio destino.** Afirman el "Yo", e imponen obediencia a las facultades mentales subordinadas. El "Yo" es el soberano de la mente, y lo que llamamos VOLUNTAD es el instrumento del "Yo".

Por supuesto, detrás de todo ello hay algo más: **la Voluntad Universal es superior a la Voluntad del Individuo.** Aunque esta última mantiene un contacto mucho más estrecho de lo que generalmente se supone con la Voluntad Universal, ya que cuando uno reafirma su "Yo" se establece un contacto muy cercano con la Voluntad Universal y esta lo hace partícipe de su extraordinario poder.

> En el momento en el que alguien reafirma su "Yo" y "se encuentra a sí mismo", se establece una conexión entre la Voluntad del Individuo y la Voluntad del Universo. Pero antes de que una persona pueda hacer uso de la enorme energía que tiene en ese momento a su disposición, debe primero ser capaz de dominar y amaestrar al ser inferior.

Piensa en lo absurdo que es que un hombre vaya proclamando que tiene poderes, cuando realmente está siendo esclavo de los instintos más básicos de su ser mental, que deben ser los subordinados. Piensa en un hombre siendo esclavo de sus estados de ánimo, pasiones, apetitos animales y facultades inferiores, y que al mismo tiempo intente proclamar los beneficios de la voluntad. Es ridículo, ¿verdad?

Y no me malinterpretes, no estoy diciendo que debas abandonarte a la vida espiritual, estoy hablando de autodominio y de la reafirmación del "Yo" por encima de las partes subordinadas de uno mismo. Desde mi punto de vista, ese "Yo" es el único "ser" real, y el resto es el "inser"; aunque emplearé la palabra "ser" para referirme al ser humano completo. Antes de que un ser pueda reafirmar el "Yo" al completo, debe lograr un absoluto control de las partes subordinadas del mismo. Todas las cosas son beneficiosas cuando aprendemos a dominarlas, pero **nada es beneficioso cuando nos dominan las bajas pasiones**.

Mientras permitamos que los instintos más básicos del ser nos den órdenes, seremos sus esclavos.

Solo cuando el "Yo" se alza en su trono queda el orden establecido y las cosas asumen las relaciones adecuadas entre ellas mismas.

No encontramos problema alguno en aquellos que se encuentran dominados por sus instintos más bajos: están en un grado inferior de la evolución y se elevarán a su debido tiempo. Pero damos un toque de atención a aquellos que se encuentran preparados y se dejan llevar sin anteponer su voluntad para hacer las cosas correctamente. Las órdenes deben darse y ejecutarse. La rebelión debe ser suprimida y la autoridad competente reinstaurada. **¡Y el momento de hacerlo es ahora!**

Hemos permitido que nuestros súbditos rebeldes mantengan al rey fuera de su trono. También hemos permitido que el reino mental sufra el desgobierno de facultades irresponsables. Hemos sido esclavos del apetito, de pensamientos indignos, pasiones y negatividad. La voluntad se ha dejado apartada y el deseo inferior ha usurpado el trono. Es el momento de restablecer el orden en el reino mental. **¡Ahora!**

APRENDE ESTO:

Puedes confirmar tu control sobre cualquier emoción, apetito, pasión o pensamiento gracias a la reafirmación de la voluntad. Puedes ordenar que el miedo retroceda, o que los celos te abandonen, o que el odio desaparezca de tu vista, o que la cólera se oculte, o que la preocupación deje de molestarte.

El apetito descontrolado y la pasión se someterán y pasarán a ser humildes esclavos en lugar de señores, y todo ello gracias a la reafirmación del "Yo". Puedes rodearte de igual manera de la gloriosa compañía del coraje, el amor y el autocontrol. Puedes aplastar la rebelión e instaurar la paz y el orden en tu reino mental siempre que expreses el mandato e insistas en que se lleve a cabo. Antes de pasar a ser imperio debes de establecer las condiciones internas adecuadas: demostrar la capacidad para gobernar tu propio reino. La primera batalla es la conquista del ser inferior por el Verdadero Ser.

UTILIZA A DIARIO LA SIGUIENTE AFIRMACIÓN:

Estoy reafirmando el control de mi Verdadero Ser.

Repite estas palabras seria y positivamente durante el día y al menos una vez cada hora, y sobre todo cuando te enfrentes a condiciones que atenten para que actúes siguiendo los dictados de tu ser más básico. En momentos de indecisión o duda, pronuncia estas palabras con seriedad, y el camino por delante quedará despejado. Repítelas varias veces antes de que te marches a dormir. Pero asegúrate de respaldarlas con el pensamiento que las inspira, y no solo repetirlas como un loro. A partir de la imagen mental del Verdadero Ser, reafirmando su control sobre los planos inferiores de tu mente: observa al Rey en su Trono. Te volverás consciente de un influjo del nuevo pensamiento, y las cosas que te han parecido difíciles se volverán de repente mucho más sencillas. Sentirás que tienes el control en tus manos, y que Tú serás el rey y no el esclavo.

El pensamiento que mantienes se manifestará en acciones y tú podrás crecer para llegar a ser aquello que tienes en mente.

HAZ EL SIGUIENTE EJERCICIO:

Concentra la mente firmemente en el Ser superior e inspírate en ello cuando sientas que vas a ceder a las incitaciones de la parte básica de tu naturaleza. Cuando te sientas tentado de entrar en cólera, reafirma el "Yo", y tu tono de voz disminuirá. La cólera es indigna del Ser desarrollado. Cuando te sientas vejado y contrariado, recuerda quién eres y elévate por encima de esa sensación. Cuando te sientas asustado, recuerda tu Verdadero Ser que no teme nada, y reafirma el coraje. Cuando sientas que te comen los celos, piensa en tu naturaleza superior y ríete. Y así con todo. Debes reafirmar tu Verdadero Ser y no permitir que te perturben los elementos del plano inferior de tu mentalidad. No son propios de ti, y hay que mostrarles el lugar que poseen. No permitas que esas cosas te superen; deben de ser tus súbditos, no tus señores. Debes alejarte de ese plano, y la única manera de hacerlo es separándose de esas fases de pensamiento, que no hacen más que "encajar las piezas del puzzle" para que se ajuste a sus deseos.

Puede que encuentres problemas al empezar, pero debes insistir para obtener esa satisfacción que solo llega cuando se conquistan las partes inferiores de la naturaleza. Llevas siendo esclavo durante demasiado tiempo, es hora de liberarse. Si realizas estos ejercicios fielmente, al final del año serás alguien distinto, y mirarás hacia atrás dedicando una sonrisa compasiva a tu antigua condición. Pero para esto necesitas cierto esfuerzo. Esto no es un juego de niños, sino una tarea para hombres y mujeres entusiastas. ¿Harás el esfuerzo? ¡Claro que sí! No te arrepentirás nunca, ya lo verás.

CAPÍTULO 5

EL SECRETO DE LA VOLUNTAD

"Tu voluntad no necesita entrenamiento, pero tu mente sí. La mente es el instrumento, y la fuerza de voluntad que obtendremos será proporcional a la destreza que hayamos conseguido con nuestra mente. Este secreto de la voluntad es la llave mágica que abre todas las puertas."

Mientras los psicólogos puedan discrepar entre sus teorías sobre la naturaleza de la voluntad, ninguno de ellos negará su existencia ni pondrá en cuestión su poder.

Todas las personas reconocen el poder de una fuente de voluntad: todos ven cómo puede usarse para superar los mayores obstáculos. Pero son pocas las personas que se dan cuenta de que la voluntad es algo que puede desarrollarse y reforzarse a través de una práctica inteligente. Sienten que pueden lograr maravillas con una voluntad fuerte, pero en lugar de intentar desarrollarla, se contentan con vanos lamentos. Suspiran, pero no hacen nada. Aquellos que han investigado el tema más en profundidad saben que la fuerza de voluntad, con todas sus posibilidades latentes y milagrosos poderes, puede ser desarrollada, disciplinada, controlada y dirigida, como cualquier otra fuerza de la naturaleza. No importa qué teoría quieras elegir acerca de la naturaleza de la voluntad, acabarás obteniendo los resultados si practicas de forma inteligente.

Yo tengo una teoría un tanto extraña acerca de la voluntad. Creo que todo ser humano tiene, potencialmente, una fuerte voluntad, y que todo lo que ha de hacer es educar a su mente para poder emplearla. Creo que las regiones más elevadas de la mente de cualquier ser humano tienen un gran depósito de fuerza de voluntad esperando a ser utilizada.

El suministro de voluntad es ilimitado, pues tu pequeña batería se encuentra conectada con la "gran central de fuerza de voluntad universal", cuya energía es inagotable.

Tu voluntad no necesita entrenamiento, pero tu mente sí. La mente es el instrumento, y la fuerza de voluntad que obtendremos será proporcional a la destreza que hayamos conseguido con nuestra mente.

El que desarrolle su mente de manera que permita que la fuerza de voluntad se transmita por medio de ella, habrá abierto maravillosas posibilidades ante sí mismo. No solo habrá encontrado un gran poder a su alcance, sino que también podrá utilizar facultades, talentos y actividades cuya existencia ni siquiera imaginaba. Este secreto de la voluntad es la llave mágica que abre todas las puertas.

Donald G. Mitchell escribió una vez:

"La resolución es lo que hace a un hombre manifestarse; pero no una débil resolución, sino una determinación descarada; nada de propósitos erráticos, sino esa fuerte e infatigable voluntad que sortea dificultades y peligros, como un chico avanzando por las tierras heladas del invierno, que ilumina su mirada y cerebro con un orgulloso palpitar, lanzándose hacia lo inalcanzable. La voluntad hace a los hombres gigantes".

Muchos de nosotros sentimos que si pudiésemos ejercer nuestra voluntad, podríamos hacer maravillas. Pero de algún modo parece que siempre nos resistimos a tomarnos la molestia de intentarlo de verdad. Lo dejamos pasar una y otra vez, hablamos vagamente de que "algún día"…, pero ese día no termina de llegar.

Instintivamente sentimos el poder de la voluntad, pero carecemos de la energía suficiente para ejercitarlo, y por tanto no nos dejamos llevar por la corriente, a menos que alguna dificultad aparezca, de que algún útil obstáculo se interponga en nuestro camino, de que algún amable dolor nos empuje a la acción. En estos casos nos vemos obligados a reafirmar nuestra voluntad y con ello empezamos a obtener resultados.

El problema que tenemos con nosotros es que no queremos que nadie acabe obligándonos a ejercer nuestra fuerza de voluntad. NO QUEREMOS ESFORZARNOS. Somos mentalmente perezosos y de débiles deseos. Si no te gusta la palabra deseo, sustitúyela por "aspiración" (algunas personas llaman deseos a los impulsos inferiores, y a los superiores, aspiraciones; es cuestión de palabras, así que decide lo que prefieras). Ahí está el problema. Deja a una persona en peligro de muerte —o a alguien que esté a punto de perder su gran amor— y serás testigo de una sorprendente exhibición de fuerza de voluntad que viene de una fuente inesperada.

Deja que el hijo de una mujer se vea amenazado por el peligro y verás de qué manera ella manifiesta un grado de coraje y voluntad que barre con todo lo que se anteponga. Y no obstante, esa misma mujer gemirá ante un marido dominante y carecerá de toda voluntad de realizar tareas simples. Un hombre hará todo tipo de tareas si las considera un juego, pero apenas podrá obligarse a hacer las tareas de la casa que le dan pereza.

La fuerte voluntad sigue la estela del fuerte deseo. Si realmente quieres hacer algo, por lo general deberás desarrollar la fuerza de voluntad para conseguirlo.

El problema es que en verdad no quieres realizar ninguna de las cosas que te dan más pereza, y sin embargo le echas la culpa a tu falta de voluntad. Dices que quieres hacerlo, pero si te pararas a pensar un instante, te darías cuenta de que lo que deseas hacer es otra cosa. No estás dispuesto a pagar el precio para conseguirlo. Para un momento y analiza esta frase y aplícatela en tu propio caso.

Eres mentalmente vago, ¡ese es el problema! No me hables de nada sobre carecer de la voluntad suficiente. Dispones de un gran almacén de voluntad esperando para que lo utilices, pero eres demasiado vago para hacerlo. Ahora bien, si en verdad te interesa esta cuestión, **ponte manos a la obra y primero encuentra que es lo que de verdad quieres hacer, y después empieza a trabajar y hazlo. No te preocupes por la fuerza de voluntad: dispondrás de toda la que desees siempre que la necesites.** La cuestión es llegar a ese punto en el que decidirás hacerlo. Esa es la verdadera prueba, la resolución. Piensa en esto un poco, y decide si realmente quieres ser un voluntarista suficientemente duro como para trabajar.

Se han escrito excelentes trabajos y libros sobre este tema, y todos están de acuerdo a la hora de reconocer la grandeza de la fuerza de voluntad, utilizando para ello términos más entusiastas; pero pocos han dicho algo acerca de cómo pueden adquirir esta fuerza quienes no la poseen, o la poseen pero en un nivel limitado. Algunos han ofrecido ejercicios con vistas a "reforzar" la voluntad, que en realidad lo que hacen es reforzar la mente, para que esta pueda recurrir a su almacén de energía. Pero por norma general han pasado por alto el hecho de que en la autosugestión se encuentra el secreto del desarrollo de la mente, para así poder convertirse en un instrumento eficaz de la voluntad.

UTILIZA A DIARIO ESTA AUTOSUGESTIÓN:

Estoy empleando mi fuerza de voluntad.

Repite estas palabras varias veces con tesón y positivamente, justo después de terminar este apartado. Repítelas con frecuencia durante el día, al menos una vez cada hora, y en especial cuando te enfrentes a algo que requiera que pongas en práctica la fuerza de voluntad. Repítela también varias veces una vez que te acuestes. Ahora, esas palabras no tendrán significado alguno a menos que las respaldes con el pensamiento. De hecho, el pensamiento lo es todo, y las palabras solo son pinzas sobre las cuales cuelga el pensamiento. Así que piensa en lo que estás diciendo y sé consciente de lo que dices. Al principio deberás utilizar la fe, y usar las palabras con una expectativa confiada en el resultado. Mantén el pensamiento que moldeas en tu almacén de la fuerza de voluntad, y antes de lo que imaginas descubrirás que ese pensamiento toma forma de acción, y que tu fuerza de voluntad se manifiesta. Sentirás una oleada de energía cada vez que repitas estas palabras. Te encontrarás superando dificultades y malos hábitos, y te sorprenderá el "grado de suavidad" que muestra todo aquello que sale de ti.

HAZ EL SIGUIENTE EJERCICIO:

Lleva a cabo una acción desagradable una vez al día durante un mes... Si hay alguna especialmente desagradable para ti que quieras evitar, esa será la que debes hacer. No se trata de que te sacrifiques ni que te vuelvas sumiso, nada por el estilo: se trata de que ejercites la voluntad. Cualquiera puede hacer aquello que le agrada con alegría, pero para llevar a cabo felizmente lo que nos resulta incómodo hace falta voluntad; y así es cómo debes realizar la tarea. Verás cómo es una disciplina de lo más valiosa. Prueba durante un mes y comprobarás hasta dónde llegas. Si esquivas este ejer-

CAPÍTULO 6

CÓMO VOLVERSE INMUNE A LA ATRACCIÓN NEGATIVA DEL PENSAMIENTO

"La única manera de ser libre es deshacerse de ese miedo, ya que es el padre de la preocupación, el odio, los celos, la malicia, la ira, el descontento, el fracaso y todo lo demás. La persona que se libre del miedo descubrirá que desaparecen todos estos estados como por arte de magia."

Lo primero que hay que hacer es "eliminar" las preocupaciones y el miedo. El pensamiento temeroso es la causa de la mayoría de los fracasos y de la infelicidad.

Te han dicho esto una y otra vez, pero merece la pena repetirlo: el miedo es un hábito mental que se nos ha grabado en el cerebro a través del pensamiento negativo, del cual deberíamos liberarnos mediante el esfuerzo y perseverancia individual.

Las grandes expectativas son un poderoso imán. Aquel que albergue confiados y fuertes deseos atraerá aquello que más le ayudará: personas, objetos, circunstancias y entornos, siempre que las desee esperanzado, con fe, seguro y tranquilo.

Quien teme algo generalmente se las arregla para poner en marcha fuerzas que provocarán que le sobrevenga justo aquello que teme. ¿No ves que, el hombre que tiene miedo espera realmente aquello que teme, y a ojos de la ley es lo mismo que si de verdad lo hubiera deseado? La ley opera en ambos casos, el principio es el mismo.

El mejor método para superar el hábito del miedo es asumir la actitud mental de coraje, como el mejor medio para dejar atrás la oscuridad es permitir la entrada de luz.

Luchar contra una pauta de pensamiento negativo, reconociendo su fuerza e intentado negar la existencia de esfuerzos milagrosos, es una pérdida de tiempo. El mejor método, el más seguro, fácil y rápido, es sustituir el pensamiento negativo por uno positivo deseado en su lugar. **Si somos capaces de recrearnos de forma constante en el pensamiento positivo, este acabará convirtiéndose en una realidad objetiva.**

Así pues, no debes repetirte mentalmente "no estoy asustado". Tendrías que fortalecer una acción positiva, por eso deberías decir con seguridad y sentimiento "estoy lleno de coraje" o "soy valiente". Debes reafirmar "no hay nada de lo que temer" lo cual, aunque posea una naturaleza de negación, simplemente niega la realidad del objeto que causa temor en lugar de admitir ese miedo propio y después negarlo.

Para superar el miedo, uno debe aferrarse con firmeza a la actitud mental del coraje. Debe pensar en el coraje, hablar del coraje, actuar con coraje. Debe mantener la imagen mental del coraje ante sí en todo momento, hasta que se vuelva su actitud mental cotidiana. Si uno mantiene la firmeza, poco a poco todo su ser se impregnará de la idea que quiere incorporar a su vida y afianzará ese hábito positivo en su comportamiento.

Deja que la palabra "coraje" se sumerja profundamente en tu mente, y después mantenla ahí con firmeza hasta que la mente la coloque con fuerza en su sitio. Piensa en ti mismo como alguien valiente, considera que actúas con coraje en situaciones delicadas.

Comprende que no hay nada que temer, que la preocupación y el miedo nunca ayudaron y nunca ayudarán a nadie. Comprende que el miedo bloquea el esfuerzo y que el coraje promueve la actividad.

El ser humano confiado, audaz y expectante que afirma que "puede hacerlo y que lo hará" se convierte en un imán muy poderoso. Atrae hacia sí solo lo que necesita para triunfar. Las cosas dan la impresión de estar en su camino. La gente comenta que tiene "mucha suerte". ¡Bobadas! La "suerte" no tiene nada que ver con ello.

Todo está en la actitud mental. Y esta actitud mental de "no puedo" o "tengo miedo" es un factor que determina la medida del éxito. No hay ningún misterio. No hay más que mirar alrededor para comprender la verdad de lo que acabamos de decir. ¿Alguna vez has conocido a alguien afortunado que no tuviera el pensamiento de "puedo hacerlo y lo conseguiré" fijado en su mente? Pues, esta clase de personas "afortunadas" adelantarán al hombre del "no puedo" aunque no posean más habilidades y capacidades que él, ya que tienen una actitud mental adecuada que hace surgir a la superficie cualidades latentes, además de atraer, como un imán, ayuda del exterior, toda la ayuda necesaria para conseguir sus fines.

Por lo tanto, no malgastes tu fuerza de pensamiento, úsala para beneficiarte de ella. Deja de atraer al fracaso, la infidelidad, la falta de armonía o la pena y empieza ahora a emitir una corriente de pensamiento brillante, positivo y feliz.

Deja que tu pensamiento principal sea: "puedo hacerlo y lo conseguiré"; piensa: "puedo hacerlo y lo conseguiré"; sueña: "puedo hacerlo y lo conseguiré"; di: "puedo hacerlo y lo conseguiré"; y haz: "puedo hacerlo y lo conseguiré". Vive en el plano del "puedo hacerlo y lo conseguiré", y antes de que te des cuenta sentirás que las nuevas vibraciones entran en acción; las percibirás dando resultados; serás consciente de tu nuevo punto de vista; comprenderás que te perteneces a ti mismo.

Cuando te unas a la brigada del "puedo hacerlo y lo conseguiré" te sentirás, actuarás, verás y serás mejor en todos los sentidos.

La única manera de ser libre es liberarse del miedo, ya que es el padre de la preocupación, el odio, los celos, la malicia, la ira, el descontento, el fracaso y todo lo demás. La persona que se libre del miedo descubrirá que desaparecen todos estos estados como por arte de magia. Arráncalo de raíz. Tengo en cuenta la conquista del miedo como el paso más importante que deben dar quienes deseen dominar la aplicación de la fuerza del pensamiento. Mientras el miedo te domine, no estarás en condiciones de hacer progresos en la esfera del pensamiento, y debo insistir que debes empezar a trabajar desde ahora mismo para librarte de ese obstáculo. PUEDES hacerlo, si lo intentas con determinación. Y cuando te hayas deshecho de esa vileza, la vida te parecerá completamente diferente: te sentirás más feliz, libre, fuerte, positivo, y tendrás más éxito en todos tus empeños en la vida.

Empieza hoy mismo, deja claro en tu mente que este intruso debe MARCHARSE: no te comprometas con él, pero insiste en una rendición absoluta de su parte. Te parecerá que la tarea resulta difícil al principio, pero cada vez tu oponente será más débil, y tú más fuerte. Deja de alimentarle —mátale de hambre—, no puede vivir en una atmósfera de pensamientos positivos. Así que empieza a llenar tu mente con buenos, fuertes y atrevidos pensamientos, mantente ocupado pensando en la osadía y el miedo morirá por sí mismo. El atrevimiento es positivo, el miedo negativo, y puedes estar seguro que lo positivo prevalecerá.

Mientras que el miedo te rodee con sus "pero…", "y si…", "supongamos que…", "tengo miedo", "no puedo", "que pasaría si…" y todo el resto de sus cobardes sugerencias, no serás capaz de usar tu fuerza de pensamiento al máximo rendimiento. Una vez le quites de en medio, tendrás hueco para navegar, y cada palmo de pensamiento de tus velas atrapará el viento. El miedo es un Jonás, ¡tíralo por la borda! (La ballena que se lo trague tendrá todo mi apoyo).

Te recomiendo que empieces a hacer algunas de las cosas que podrías llevar a cabo si no tuvieras miedo a intentarlo. Comienza a trabajar con ellas, afirmando el coraje continuamente, y te sorprenderá comprobar que esa actitud mental correcta despejará los obstáculos de tu camino, haciéndote las cosas más sencillas de lo que hubieras esperado.

Ejercicios de este tipo te harán desarrollarte y te harán sentir mucho más recompensado.

Hay muchas cosas que te esperan para ser realizadas, que podrás dominar solo con liberarte del yugo del miedo. Con solo negarte a aceptar sus sugerencias, reafirmarás el atrevido "Yo" y su poder.

La mejor manera de vencer el "miedo" es reafirmar el "coraje" y dejar de pensar en el "miedo". Así entrenarás a la mente en nuevos hábitos de pensamiento, eliminando los viejos pensamientos negativos que te han estado hundiendo y reprimiendo. Lleva contigo la palabra "coraje" como si fuese tu consigna y manifiéstala en acción en todo momento.

Recuerda, lo único que hay que temer es al miedo, y, bueno, ni siquiera hay que temerlo, pues con solo plantarle cara, se acobardará y saldrá corriendo.

CAPÍTULO 7

LA TRANSFORMACIÓN DEL PENSAMIENTO NEGATIVO

"Debemos deshacernos del miedo y la preocupación antes de que podamos lograr cosas. Uno debe proceder a expulsar a esos intrusos negativos y sustituirlos por confianza y esperanza."

La preocupación es hija del miedo, si acabas con el miedo, la preocupación morirá de hambre.

Este consejo es muy antiguo, y todavía merece la pena recordarlo, pues es una lección que deberíamos tener muy presente. Algunas personas piensan que si matamos al miedo y las preocupaciones no seremos nunca capaces de conseguir nada. He leído muchos libros en los cuales los autores sostienen que sin preocupación uno nunca puede cumplir con ninguna de las grandes tareas de la vida, porque es necesaria para estimular nuestro interés y trabajo. Da igual quien lo diga, no tiene sentido. **La preocupación nunca ha ayudado a alguien a llevar a cabo nada; por el contrario, se alza como obstáculo en el camino del logro y la realización.**

El motivo que subyace a la acción y al "hacer cosas" es el Deseo y el Interés. Si alguien desea con fuerza algo, se vuelve mucho más interesado en que se lleve a cabo y está dispuesto a aprovechar cualquier cosa que pueda ayudarle a obtener lo que quiere. Su mente empieza a trabajar en el plano del subconsciente, haciendo que aparezcan en el campo de la conciencia muchas ideas valiosas e importantes.

El deseo y el interés son las causas que llevan al éxito.

La preocupación no es deseo. Es cierto que si el entorno se vuelve intolerable, uno se verá empujado desesperadamente a realizar esfuerzos que tendrán como resultado la eliminación de las condiciones indeseables y la adquisición de otras que armonicen más con el deseo. Pero eso no es más que otra forma de deseo: el de la persona que tiene ganas de algo distinto a lo que tiene. Y cuando su deseo se vuelve lo suficientemente intenso, todo su interés se vuelca en su consecución, realizando un considerable esfuerzo, logrando el cambio. Pero no era la preocupación la que causó el esfuerzo. La preocupación puede contentarse con agitar las manos y gemir "¡ay!, mísero de mí", agotando tus nervios sin conseguir nada. El deseo actúa de forma distinta. Se vuelve más fuerte cuando las condiciones de la persona se vuelven intolerables, y finalmente, cuando esta sienta dolor de manera tan intensa que no pueda seguir soportándolo, dice: "no lo soporto más. Voy a cambiar". Y eso es lo que hace. Entonces **el deseo se torna en acción**. La persona sigue "esperando" un cambio de la peor manera (que es la mejor) y su interés y atención prestada a la tarea de liberación empieza a hacer que las cosas se pongan en marcha. **La preocupación nunca consigue nada**. Esta es negativa y contraproducente. **El deseo y la ambición son positivos y vitales**.

Una persona puede preocuparse hasta el infinito y seguir sin conseguir nada, pero deja que esa persona transforme su preocupación y descontento en deseo e interés, junto con la creencia de que es capaz de provocar el cambio —la idea de "puedo hacerlo y lo conseguiré"—, y entonces será cuando empezarán a suceder cosas positivas.

Debemos eliminar el miedo y la preocupación antes de que podamos lograr cosas. Uno debe proceder a expulsar esos intrusos negativos y sustituirlos por confianza y esperanza.

Cambia la preocupación por deseo intenso. Entonces descubrirás que se despierta interés, y empezarás a pensar cosas que son interesantes para ti. Te llegarán pensamientos procedentes de la gran reserva acumulada en tu mente y comenzarás a manifestarlos en la acción. Además, te armonizarás con pensamientos similares de otras personas, atrayendo hacia ti ayuda y asistencia procedente del gran volumen de ondas de pensamiento que llena el mundo. Uno atrae hacia sí ondas de pensamiento que corresponden a los pensamientos predominantes en la propia mente: su actitud mental.

La Ley de la Atracción no es ninguna broma, ni una tontería metafísica, es un importante principio vivo y activo de la Naturaleza, como puede comprobar cualquiera a través de la experimentación y observación.

Para tener éxito en cualquier cosa que se desee, la intensidad del deseo debe de ser muy potente y persistente para poder atraerlo. El hombre con deseos débiles atrae poco hacia sí mismo. A mayor intensidad del deseo, mayor es la fuerza que se pone en funcionamiento. Hay que querer algo con la intensidad suficiente antes de poder obtenerlo.

Debes desearlo más que cualquier otra cosa a tu alrededor, y debes estar preparado para pagar el precio que requiera. Este precio es deshacerse de ciertos deseos menores que se alzan en el camino de la realización del más intenso. Comodidades, facilidades, diversiones, entretenimientos y muchas otras cosas deben desaparecer (aunque no siempre). Todo depende de lo que quieras. Por regla general, **cuanto mayor es lo que se desea, mayor es el precio que se habrá de pagar por ello**. La naturaleza cree en la compensación adecuada. Pero si realmente deseas algo con verdadera fuerza, pagarás el precio sin cuestionártelo; pues el deseo empequeñecerá la importancia de otras cosas.

Dices que quieres algo mucho, y que estás haciendo todo lo posible para conseguirlo. ¡Bah! Solo estás fingiendo desearlo. ¿Deseas hacer esa cosa tanto como un preso desea la libertad, o como un moribundo la vida? Fíjate en las cosas casi milagrosas conseguidas por los presos que desearon la libertad. Mira cómo trabajaron en planchas de metal y paredes de piedra para escapar con simples herramientas. ¿Es tu deseo tan fuerte como ese? ¿Te esfuerzas por eso que deseas tanto como para que tu vida dependa de ello? ¡Tonterías! No sabes lo que es el deseo. Te digo que si una persona quiere algo con tanta pasión como el preso desea su libertad, o como alguien muy vital desea la vida, esa persona podrá barrer obstáculos e impedimentos aparentemente inamovibles. **La**

clave para llevarlo a cabo es deseo, confianza y voluntad. Estas llaves abren muchas puertas.

El miedo paraliza el deseo, asusta a la vida. Debes deshacerte del miedo. Ha habido muchos momentos en mi vida en los que el miedo se apoderó de mí y se apropió de mi vitalidad y perdí toda esperanza, interés, ambición y deseo. Pero, gracias al Señor, yo siempre me las he ingeniado para deshacerme del acoso del monstruo y hacer frente a mis dificultades como hombre. Y fíjate, que en ese punto las cosas empezaron a ser más fáciles para mí. A veces la dificultad se fundía o bien se me daban los medios para superarla, evitarla o sortearla. Es extraño como funciona. No importa lo grande que sea la dificultad, cuando finalmente nos enfrentamos con coraje y confianza en nosotros mismos, perece que nos repongamos, y después empezamos a preguntarnos de qué nos asustábamos tanto. Esto no es una mera fantasía, sino la manera de operar de una potente ley que no acabamos de comprender por completo, pero que podemos comprobar en cualquier momento.

La gente suele preguntar: está muy bien que vosotros, los del Nuevo Pensamiento, digáis "no te preocupes", pero ¿qué puede hacer una persona cuando piensa en todos los problemas que le pueden entorpecer su camino y trastornar sus planes? Bueno, todo lo que les puedo decir es que esa persona está cometiendo una tontería pensando en los problemas que le pueden surgir en algún momento del futuro. La mayoría de las cosas por las que nos preocupamos no llegan nunca a suceder; una larga proporción de las otras que nos preocupan suceden de forma mucho más calmada de lo que habíamos anticipado, y siempre hay otras cosas que aparecen al mismo tiempo y nos ayudan a superar el problema. El futuro guarda en la manga no solo dificultades para superar, sino también agentes que nos ayudarán a superar las dificultades. Las cosas se ajustan por sí mismas. Estamos preparados para enfrentarnos a cualquier problema que surja, y cuando llega la ocasión siempre hallamos la manera de enfrentarnos a ello. Dios no solo atempera el viento para el carnero esquilado, sino que también atempera al carnero esquilado para el viento. Los vientos y la esquila no llegan juntos: siempre hay tiempo para que el carnero se aclimate, y luego vuelve a crecerle nueva lana antes de que llegue la época del frío.

Se ha dicho, con mucha razón, que nueve de cada diez preocupaciones tratan de cosas que nunca suceden, y el otro décimo restante trata de cosas con poca o ninguna constancia. Así que, ¿qué sentido tiene utilizar todas tus fuerzas de reserva agobiándote con problemas futuros? Es mejor esperar a preocuparse cuando los problemas acaben apareciendo realmente. Encontrarás que al haber acumulado esta energía serás capaz de hacer frente a cualquier tipo de problema que pueda aparecer en tu camino.

¿Qué es lo que consume toda la energía en el hombre o mujer medio? ¿Es la superación real de las dificultades, o la preocupación acerca de supuestos problemas? Siempre es "mañana, mañana" y ese mañana no acaba siendo tan terrible como temíamos.

Cuando me paro a pensar en todas esas cosas que alguna vez temí que me sobreviniesen, me echo a reír. ¡Válgame Dios! ¿Dónde está ahora todo ese miedo? No lo sé, hasta me he olvidado casi por completo de que en alguna ocasión me asustaron.

No tienes que luchar contra la preocupación, ese no es el camino para superar

el hábito. Solo practicando la concentración, y después aprendiendo a concentrarse en algo positivo, objeto de tu deseo, encontrarás que el pensamiento de preocupación se desvanece.

Existen maneras mejores de superar los "pensamientos inconvenientes" que luchar contra ellos. Aprende a concentrarte en pensamientos de un carácter contrario, y habrás solucionado el problema.

Cuando la mente está llena de pensamientos de preocupación, no puede encontrar tiempo para trabajar en planes que te beneficien. Pero cuando te concentras en pensamientos brillantes y útiles, descubrirás que empieza a trabajar de manera subconsciente; y cuando llegue el momento descubrirás todo tipo de planes y métodos con los que podrás enfrentarte a todo lo que aparezca en tu camino. Mantén una actitud mental correcta, y todas las cosas se pondrán en su sitio. No tiene sentido preocuparse; nunca ha solucionado nada, y nunca lo solucionará.

Los pensamientos brillantes, alegres y felices atraen cosas brillantes, alegres y felices, mientras que la preocupación las aleja. Cultiva la correcta actitud mental.

CAPÍTULO 8

LA LEY UNIVERSAL DEL CONTROL MENTAL

*"La clave del misterio es la concentración.
Esta nos lleva a maximizar los recursos que
nos ofrece nuestra mente."*

Tus pensamientos son o bien fieles servidores o tiranos señores, justo lo que tú les permitas. Tú tienes la palabra, es tu decisión.

Los pensamientos deberían dedicarse a trabajar bajo la dirección de una firme voluntad, haciendo su trabajo de una manera eficaz, no solo durante las horas que estamos despiertos, también cuando dormimos. Parte de nuestras operaciones mentales tienen lugar cuando nuestra mente consciente descansa, tal y como lo demuestra el hecho de que muchas veces al amanecer descubrimos que hay preocupantes problemas que parecen haberse diluido durante la noche, después de que los hubiésemos desechado de nuestras mentes... al menos aparentemente. ¿Te suena la expresión "lo consultaré con la almohada"? Viene de esta circunstancia. Muchos problemas se ven resueltos toda vez que los dejamos en manos de nuestra mente subconsciente. Sin embargo, más de la mitad de la población mundial es esclava de los pensamientos negativos que los convierten en seres atormentados.

La mente se te ha concedido para que
la uses bien, no para que ella te use a ti.

Existen pocas personas que parezcan saber de la necesidad y el arte de controlar la mente. **La clave del misterio es la concentración**. Con un poco de práctica se desarrollaría entre los seres humanos el poder de utilizar la maquinaria mental de forma adecuada.

Cuando tengas alguna tarea mental que realizar, céntrate en ella excluyendo el resto de las cosas, y encontrarás que la mente se centra en ello —en lo que hay que hacer— y todo lo que tiene que ver se aclarará con rapidez. No existe fricción, y todo el movimiento que sobra o el desperdicio de energía se excluye. Se emplea hasta el último gramo de energía y toda la maquinaria mental se tiene en cuenta. Merece la pena ser un ingeniero mental competente, ¿no crees?.

Claro que sí, el hombre que entiende cómo dirigir su motor mental sabe que una de las cosas más importantes es ser capaz de detenerse cuando se ha llevado a cabo el trabajo. No seguir echando carbón en la caldera, y manteniendo una presión alta una vez el trabajo ha finalizado o cuando acaba la jornada diaria de trabajo, y el fuego debe ser apartado hasta el día siguiente. Algunas personas actúan como si el motor debiera de continuar trabajando, tanto si hay o no algo que hacer, y se quejan después de que se desgasta y hay que reparar esto y lo otro. **Los motores mentales son delicadas máquinas, y necesitan un cuidado inteligente**.

A aquellos que están familiarizados con
las leyes del control mental les parecerá
absurdo que haya personas que perma-

nezcan despiertas toda la noche preo-
cupándose de los problemas del día, o
incluso, por los problemas de mañana.

Resulta tan sencillo disminuir la velocidad de la mente
como la de un motor, y son miles los que aprenden a
hacerlo en estos días por medio del Nuevo Pensamiento.
La mejor manera para conseguirlo es pensar en otra cosa,
en algo tan diferente como nos sea posible del pensamiento entrometido. No tiene sentido luchar contra un
pensamiento inaceptable con el propósito de "ahogarlo".
Es una gran pérdida de energía, y cuanto más dices "¡no
pensaré en ello!", más te viene a la mente, pues uno lo
está manteniendo delante para machacarlo. Déjalo ir; no
pienses más en ello, concentra la mente en algo totalmente distinto y mantén la atención ahí mediante un
esfuerzo de voluntad. Un poco de práctica te ayudará a
coger el camino adecuado.

La atención solo puede concentrarse
en una cosa a la vez, así que dirige toda
tu atención a un pensamiento y solo a
uno. Los otros se escabullirán. ¡Intén-
talo!

CAPÍTULO 9

REAFIRMA Y UTILIZA LA FUERZA VITAL

"Reafirma la fuerza vital en tu interior, y haz que destaque entre todos tus pensamientos, actos y hechos, y antes de que te des cuenta, estarás risueño y repleto de vitalidad y energía."

Te he hablado ya de las ventajas de deshacerse del miedo. Ahora quisiera poner VIDA en ti.

Muchos de vosotros habéis vivido como si estuvieseis muertos: sin ambición, energía, vitalidad, interés, vida... Así no llegaréis a nada. Estáis estancados.

Despertad y ¡Dad señales de vida!

Este no es el lugar en el que puedas comportarte como un muerto viviente; es un lugar para gente despierta, activa, viva, y que tenga un despertar general aceptable, aunque eso requiriese nada menos que un trompetazo del arcángel Gabriel para despertar a algunas de esas personas que van por ahí pensando que están vivas, pero que en realidad están muertas para todo lo que valga la pena ser vivido.

Debemos dejar que la vida fluya entre nosotros, y permitir que se exprese de forma natural por sí misma.

No dejes que las pequeñas preocupaciones del día a día, ni las grandes, te depriman y te hagan perder la vitalidad. Reafirma la fuerza vital en tu interior, y haz que destaque entre todos tus pensamientos, actos y hechos, y antes de que te des cuenta, estarás risueño y repleto de vitalidad y energía.

Debes poner un poco de vida en tu trabajo, en tus placeres, en ti mismo. Deja de hacer las cosas a medias y empieza a interesarte en aquello que estás haciendo, diciendo y pensando. Es asombroso lo interesantes que pueden llegar a parecernos las cosas ordinarias de la vida con solo estar despiertos. Estamos rodeados de cosas interesantes, suceden en cada momento, pero no seremos conscientes de ellas a menos que reafirmemos nuestra fuerza vital y empecemos a vivir realmente en lugar de limitarnos a existir.

No existe hombre o mujer que haya sido nunca nada a menos que diera vida a las tareas diarias en sus pensamientos. Lo que el mundo necesita es hombres y mujeres vivos. No tienes más que mirar a los ojos a aquellos que conoces, y ver como pocos de ellos están realmente vivos. La mayoría carecen de la expresión de vida consciente que distingue a aquel que está vivo del que simplemente existe.

Me gustaría que adquirieras este sentido de vida consciente, para que puedas manifestarte en tu vida y mostrar lo que la Ciencia Mental puede hacer por ti. Deseo que hoy te pongas a trabajar y empieces a transformarte según estas pautas que te estoy dando. Podrás hacerlo si pones el interés necesario y te concentras en lo que te estoy diciendo.

AFIRMACIÓN Y EJERCICIO

Concentra tu mente en el pensamiento de que tu "Yo" interior está mucho más vivo y que tú manifiestas completamente la vida, tanto mental como física. Y mantén ese pensamiento ahí, ayudándote con repeticiones constantes de la consigna. No dejes que ese pensamiento se te escape y mantenlo orientado hacia el foco de la mente. Mantenlo ante la visión mental siempre que te sea posible. Repite la consigna cuando te levantes por la mañana y cuando te acuestes a dormir. Repítela a la hora de comer y en cualquier momento que puedas del día, al menos una vez cada hora. Forma la imagen mental de ti mismo lleno de vida y energía. Da la talla siempre que te sea posible. Cuando empieces a realizar una tarea, di "ESTOY VIVO", y céntrate todo lo posible en la tarea. Si te sientes algo deprimido, di "ESTOY VIVO", y luego respira hondo unas cuantas veces, y con cada inspiración deja que la mente mantenga el pensamiento de que estás inspirando fuerza y vida, y al espirar, mantén el pensamiento de que espiras todos los viejos, muertos y negativos estados de los que te enorgullece deshacerte. Después finaliza con una afirmación convincente y vigorosa, "ESTOY VIVO", y dilo en serio.

Y deja que tus pensamientos cobren vida en la acción. No te contentes con repetir que estás vivo, sino que has de demostrarlo con tus actos. Interésate en hacer cosas, no te quedes en la luna o soñando despierto. Entra en acción y VIVE.

CAPÍTULO 10

FORMAR EL HÁBITO EN TU MENTE

"Cuando formamos un nuevo hábito o rompemos alguno antiguo, debemos volcarnos en la tarea con el mayor entusiasmo posible, ya que tenemos que crear una fuerte impresión en la mente subconsciente para conseguir el cambio."

El profesor William James, eminente profesor y escritor sobre psicología, escribe con mucho acierto:

"Lo más importante en toda educación es convertir nuestro sistema nervioso en nuestro aliado en lugar de nuestro enemigo. Para esto debemos hacer de manera habitual y automática, lo antes posible, todas las acciones útiles que podamos, y evitar con mucha delicadeza todo aquello que nos pueda ser perjudicial."

Para adquirir un nuevo hábito o deshacerse de uno antiguo, debemos lanzarnos a ello con una actitud tan intensa y decidida como nos sea posible. NO hay que permitir que suceda ninguna excepción hasta que el nuevo hábito esté bien implantado en nuestra vida.

No dejes pasar, jamás, la primera oportunidad que tengas de actuar sobre cualquier hecho que te lleve a asimilar o a fortalecer el hábito que quieras adquirir.

Debemos trasladar a la mente subconsciente los impulsos adecuados, para que se conviertan en automáticos y en nuestra "segunda piel". La mente subconsciente es un gran almacén de todo tipo de sugerencias, las que nos hacemos nosotros mismos y las que adquirimos de otros. Por eso es tan importante para la creación y eliminación de hábitos, y debemos tener un cuidado extremo a la hora de enviarle información. Si tenemos la costumbre de llevar a cabo ciertas actividades, la mente subconsciente nos irá facilitando la realización de las mismas una y otra vez, haciéndose cada vez más fáciles para nosotros, hasta que al final nos encontramos firmemente atados con sogas y cadenas al hábito. Eso conllevará que nos resulte difícil, a veces casi imposible, liberarnos de aquello que aborrecemos. El hábito negativo.

Debemos cultivar hábitos positivos para cuando llegue la ocasión de ejercerlos. Llegará el momento en que se nos requiera hacer gala de nuestros mejores esfuerzos, y depende de nosotros que cuando surja la necesidad, estemos preparados para hacer lo que corresponda, de manera automática y casi sin pensar.

Debemos mantenernos en guardia en todo momento para evitar la formación de hábitos indeseables. Puede que hoy no parezca perjudicial hacer alguna que otra cosa, pero puede que al final sí resulte muy perjudicial. ¿Qué crees que es mejor hacer, esforzarte por conseguir hábitos positivos que te ayuden a mejorar o dejarte llevar por la pereza o por los más bajos instintos y crear hábitos negativos que te harán perder la libertad hasta que los elimines? La misma pregunta contiene la respuesta. Es evidente.

Cuando formamos un nuevo hábito, o rompemos alguno antiguo, debemos ponernos en la tarea con el mayor entusiasmo posible, para así ganar el máximo terreno antes de que la energía se expanda al chocar con los hábitos opuestos ya formados. **Debemos empezar creando una impresión lo más fuerte posible en la mente subconsciente para conseguir el cambio**. Después tenemos que permanecer constantemente en guardia contra las tentaciones que puedan aparecer de surgir la nefasta afirmación de "solo por esta vez". Esta idea de "solo una vez" acaba con más buenas resoluciones que cualquier otra causa. El momento en que uno se abandona al "solo esta vez", se introduce en el fino límite que al final acabará haciendo añicos la resolución.

Igual de importante es el hecho de que **cada vez que te resistes a la tentación, más fuerte se vuelve tu resolución, tu hábito positivo**. Actúa sobre tu decisión de formar ese hábito, tan pronto y tan a menudo como te sea posible, pues con cada manifestación del pensamiento en acción, más fuerte se volverá tu hábito y tu entereza. Cada vez que te apoyas con una acción, estás reforzando la decisión original de formar el nuevo hábito.

La mente ha sido comparada con una hoja de papel doblado. Siempre tiene la tendencia a desdoblarse por los mismos dobles, a menos que creemos una nueva doblez, que será la que siga a partir de ese momento.

CAPÍTULO 11

LA PSICOLOGÍA DE LA EMOCIÓN

"Las emociones repetidas nos convierten en el tipo de personas que somos. Por eso hay que vigilar con cautela aquello que sentimos y expresamos para no dejarnos arrastrar por emociones indeseadas."

Es posible que uno piense en las emociones son independientes del hábito. Pero no es cierto, todo lo contrario.

Mucha gente considera las emociones como algo relacionado con "sentir" y bastante alejado del esfuerzo intelectual. No obstante, y a pesar de la distinción entre las dos, ambas dependen en gran medida del hábito, y uno puede reprimir, aumentar, desarrollar y cambiar las propias emociones, igual que pueden regularse los hábitos de acción y las líneas del pensamiento.

Un axioma de la psicología sostiene que "Las emociones se hacen más profundas mediante la repetición".

Si una persona permite que determinada sensación se apodere de ella, le resultará más fácil ceder a esa misma emoción en una segunda ocasión, y así, hasta que esa emoción o sensación concreta se convierta en una costumbre para ella. Si una emoción indeseable te domina y te hace hacer cosas que no querrías hacer, lo más conveniente sería que empezases a trabajar para deshacerte de ella, o por lo menos para dominarla. Y el mejor momento para hacerlo es al principio, cuando empieza a surgir, ya que cada repetición hace que el hábito se implante más y que la tarea de desplazarlo sea más complicada.

¿Has sido alguna vez celoso? Si es así, recordarás lo insidioso que fue la primera vez que te pasó, de manera sutil aparecieron odiosas sugerencias en tu oído dispuesto a recibirlas, y seguramente recordarás cómo poco a poco, con la continuidad de estas sugerencias, finalizabas viendo a través del prisma verde de la envidia o los celos (la envidia tiene un efecto en la bilis, que causa envenenamiento de la sangre, de ahí la idea de asociarlo con el verde). Recordarás de qué manera aquello crecía, te poseía hasta que apenas podías quitártelo. La segunda vez te resultó más fácil sentir envidia o celos. Parecía traer a tu vista todo tipo de objetos que aparentemente justificaban tus sospechas y sensaciones. Todo parecía verde, un gran monstruo deforme de ojos verdes.

Lo mismo pasa con cada sentimiento o emoción.

Si te dejas llevar por un ataque de cólera, te resultará más fácil sentirte colérico la próxima vez frente a una provocación menor. El hábito de sentir y actuar "de forma mezquina" no tarda mucho en echar raíces en un nuevo hábitat siempre que se le anime a hacerlo.

La Preocupación es el gran hábito que tiende a crecer y engordar. La gente empieza a preocuparse por cuestiones importantes, y después lo hace por minucias. Entonces lo más insignificante les preocupa y perturba. Se imaginan que está a punto de sobrevenirles todo tipo de hechos fatídicos. Si inician un viaje están seguros de que tendrán un accidente grave. Si les llega un mensaje, están seguros de que traerá malas noticias. Si un niño está muy quieto, la madre empieza a preocuparse, mientras piensa que está enfermo y que se morirá. Si el marido parece pensativo, y le da vueltas a un asunto de negocios en su mente, la esposa se autoconvencerá de que el hombre está empezando a dejar de quererla, y se dejará llevar por el pesimismo.

Es el cuento de nunca acabar. Preocupación, preocupación y más preocupación. Y cada vez que te dejas llevar por ella, más fuerte se hace el hábito. Al cabo de poco tiempo ese continuo pensamiento pasa a la acción. No solo la mente está envenenada por los pensamientos más tristes, sino que la frente empieza a mostrar profundas arrugas entre las cejas, y la voz toma un tono rasposo y de queja tan común entre las personas preocupadas.

"La queja" es otra emoción que engorda con el ejercicio. La persona se vuelve una "gruñona" crónica, una pesadez para amigos y familiares, y alguien que los desconocidos prefieren evitar. Nace y se desarrolla a partir de un pequeño comienzo, pero echa raíz, afianzándose cada vez más en quien le ha proporcionado terreno para crecer.

La envidia, la falta de generosidad o los cotilleos son hábitos negativos de este tipo. Los comienzos o semillas están latentes en el interior de todos los seres humanos, y solo necesitan una buena tierra y un poco de riego para cobrar vigor y fuerza.

Cada vez que te dejas llevar por esas emociones negativas, más fácil te resulta volver a caer en ellas o en otras similares. A veces, al animar una emoción indigna, resulta que se están creando las condiciones para el desarrollo de toda una familia de malas hierbas mentales. Ahora bien, esto no es un sermón ortodoxo contra el pecado o los malos pensamientos. Solo se trata de llamarte la atención acerca de la ley que subyace a la psicología de la emoción. No es nada nuevo, es tan viejo como el mundo, tanto que muchos de nosotros lo hemos olvidado.

Si deseas manifestar esas desagradables e ingratos emociones continuamente, y sufrir el descontrol que aportan, no dejes de hacerlo: es tu problema y estás en tu derecho. No es mi problema, yo no estoy predicando, pues ya tengo bastante con estar atento a mis propios hábitos y actos indeseables. Solo te estoy hablando de la ley que regula la cuestión, de ti depende todo lo demás.

Si deseas eliminar esos hábitos, es conveniente que sepas que tienes a tu disposición varias maneras de hacerlo. Primero, siempre que te encuentres abandonándote a pensamientos o sensaciones negativas, debes agarrarlos y decirles con rotundidad "fuera de aquí". Al principio no será tan fácil, y se te pondrán los pelos de punta, arquearás tu espalda y gruñirás como si fueses un gato ofendido. Pero no te preocupes, solo tienes que decir "¡desaparece!". La próxima vez no será tan confiado y agresivo, sino que manifestará un poco de miedo. En cada momento que reprimas o ahogues una tendencia de este tipo, más débil se tornará, y más fuerte te convertirás tú.

El profesor James afirma: "**Niégate a expresar una pasión, y esta morirá**. Cuenta diez veces antes de montar un pollo, y entonces parecerá ridículo hacerlo. Silbar para reunir valor no es una simple figura retórica. Por otra parte, siéntate todo el día en una postura abatida, suspira y contesta a todo lo que te digan con voz lúgubre, y puedes estar seguro de que tu melancolía no desaparecerá. No hay precepto más valioso en la educación moral que este, como atestiguan todos lo que lo han probado: si deseamos conquistar tendencias emocionales en nosotros mismos, debemos dedicarnos desde el principio, asiduamente y con sangre fría, a practicar las disposiciones contrarias que preferimos cultivar."

Relaja la frente, ilumina tu mirada, contrae el dorso y el vientre, habla en un tono más alto y hazte un gran cumplido; tu corazón debe de estar congelado completamente si tras esto no comienza a deshelarse.

CAPÍTULO 12

CÓMO DESARROLLAR NUEVAS CÉLULAS CEREBRALES

"Si quieres cultivar un cierto hábito o acción, empieza cultivando la actitud mental correspondiente. Ese es el secreto."

He hablado del plan para deshacerse de estados emocionales indeseados por medio de la expulsión. Pero **existe un método mucho mejor que trata de cultivar una emoción completamente contraria a la que queremos erradicar.**

Somos muy capaces de considerarnos a nosotros mismos como resultado de nuestras emociones y sensaciones, y de creer que esas sensaciones y emociones somos "nosotros". Sin embargo, eso está lejos de ser cierto. Es verdad que la mayoría de la humanidad es esclava de sus emociones y sensaciones negativas, que está muy dominada por ellas. Creen que las sensaciones son elementos que nos dirigen y de los que uno no puede liberarse, así que dejan de rebelarse. Ceden a las sensaciones sin dudar, aunque sepan que la emoción negativa les provocará infelicidad y fracaso en vez de felicidad y éxito. Dicen, "estamos hechos de esa manera", y se lo creen. Es triste, pero es así.

La nueva psicología enseña a la gente opciones más positivas. Les dice que ellos son los dueños de sus emociones y sentimientos, en lugar de ser sus esclavos. Les dice que las células cerebrales pueden desarrollarse manifestando tendencias deseables, y que las viejas células cerebrales que se han manifestado de manera tan desagradable se colocarán en la lista de elementos para eliminar.

La gente puede transformarse y cambiar su naturaleza por completo. Esto no es mera teoría, sino un hecho palpable que se han encargado de demostrar miles de personas, y que cada vez llama más la atención a la humanidad.

No importa la teoría mental que apoyemos, debemos admitir que el cerebro es el órgano e instrumento de la mente, al menos en nuestro estado actual de existencia. Se le debe considerar como un maravilloso instrumento musical, que tiene millones de teclas, con las cuales creamos millones de combinaciones de sonidos.

Venimos al mundo con ciertas tendencias, temperamentos, y predisposiciones. Podemos echar la culpa de estas tendencias a la herencia, o a teorías de algo preexistente, pero no es cierto, podemos cambiar. Solo tenemos que aprender cómo hacerlo, cómo conseguir que los hechos adquiridos desaparezcan y dejen de ser un incordio en nuestras vidas.

Tenemos millones de células cerebrales en desuso esperando a ser cultivadas. Estamos acostumbrados a tratar con algunas de ellas, con otras trabajamos hasta nuestra muerte. Somos capaces de dar a algunas de estas células un descanso, utilizando otras. **El cerebro puede, y debe,**

entrenarse. Las actitudes mentales pueden ser adquiridas y cultivadas, cambiadas y descartadas, a voluntad. Ya no existen excusas para que la gente manifieste estados mentales desagradables o perjudiciales. Todos tenemos la solución en nuestras manos. Todos.

Adquirimos hábitos de pensamiento, sentimiento y acción, a través del uso repetido. La repetición afianza y consolida dichos hábitos.

Podemos nacer con una tendencia encaminada a un cierto lugar, o podemos adquirir tendencias por las sugerencias de otros, adquiridas a través de lecturas, visionado de películas, de escuchar a profesores, amigos, familiares, compañeros de trabajo, etc.

Somos un racimo de hábitos mentales. Cada vez que nos dejamos llevar por un pensamiento o hábito indeseable, nos resulta más fácil repetir ese pensamiento o acción.

Los científicos mentales tienen la costumbre de hablar de pensamientos deseables, o de actitudes mentales "positivas", y de pensamientos indeseables o actitudes mentales "negativas". Existe una buena razón para ello. La mente reconoce, de forma instintiva, ciertas cosas como buenas o malas. **Un pensamiento positivo tienen un efecto mucho mayor que un pensamiento negativo, ya que puede neutralizar varios de estos.**

La mejor manera de superar pensamientos indeseables, así como sentimientos y emociones negativas, es cultivar los pensamientos positivos. El pensamiento positivo es el más fuerte, y con el tiempo acabará dejando hambriento al negativo, hasta que, poco a poco, deje de existir. No sin encontrar antes una fuerte resistencia, pues los pensamientos negativos lucharán hasta el final por su supervivencia.

A las células cerebrales les gusta tan poco permanecer apartadas como a cualquier otra forma de energía viva, y se rebelan y luchan hasta que se debilitan tanto que no pueden continuar. El mejor método es dejar de obedecer a las malas hierbas de la mente, y dedicar todo el tiempo posible a regar las nuevas y bellas plantas del jardín mental, ocupándose de ellas y cuidándolas. La que no reguemos, acabarán por secarse y perecer.

Por ejemplo, si eres capaz de odiar a gente, puedes superar ese pensamiento negativo cultivando amor en su lugar. Piensa en el amor y manifiéstalo todo lo posible. Cultiva pensamientos adorables, y actúa lo más amable posible como puedas con todo aquel que entres en contacto. Al principio no resultará nada sencillo, pero poco a poco el amor dominará al odio, hasta que consiga declinarlo y marchitarlo. Si sueles moverte hacia la tristeza, cultiva una sonrisa y una visión alegre de las cosas. Insiste en mantener las comisuras de los labios lo más radiantes posible, y mantén la actitud de ver el lado bueno de las cosas. Los "diablos de la tristeza" se rebelarán, pero no les hagas caso y sigue cultivando optimismo y alegría. Permite que tu consigna sea estar: "radiante, alegre y feliz", e intenta estar siempre a la altura.

Estas recetas pueden parecer viejas y gastadas, pero son verdades psicológicas y las puedes emplear en tu beneficio. Si comprendes la naturaleza de este asunto, entenderás y aprovecharás las afirmaciones y autosugestiones. Utilizando este método puedes volverte energético en lugar de desidioso, activo en lugar de perezoso. Debes "controlar el pensamiento" para poder obtener resultados. Pero también necesitamos algo más, debes manifestar el pensamiento hasta que se convierta en un hábito para ti. Los pensamientos toman forma en la acción, y a la vez las acciones influyen en ellos.

Así que manifestando ciertas maneras de ver las cosas, las acciones responden sobre la mente, aumentando el desarrollo de la parte de la mente que está en estrecha relación con el acto. Cada vez que la mente considera un pensamiento, más fácil es la acción resultante, y cada vez que se ejecuta una acción, más fácil es albergar el pensamiento que corresponde.

Así que ya lo ves: **acción y reacción es algo que funciona en ambos sentidos**. Si te sientes alegre y feliz, es natural que te rías. **Si te fuerzas a reír un poco, empezarás a sentirte radiante y alegre**. ¿Comprendes lo que quiero decir? Te lo diré en pocas palabras: **si quieres cultivar un cierto hábito o acción, empieza cultivando la actitud mental correspondiente**. Y para cultivar esa actitud mental, comienza manifestando o llevando a cabo el acto que corresponde al pensamiento. Ahora comprueba si puedes aplicar esta regla. Ocúpate de algo que sientas que hay que hacer pero de lo que no tengas ganas de encargarte. Cultiva el pensamiento que conduce a esa actitud y dite a ti mismo: "me gusta hacer esto y no lo otro", y después lleva a cabo el movimiento (y que sea alegre, recuerda) y manifiesta el pensamiento que quieres que se ocupe de esa tarea. Interésate en hacerlo, estudia la mejor manera de hacerlo, piensa en ello, tómatelo en serio y verás cómo lo haces con una razonable cantidad de placer e interés: estarás cultivando un nuevo hábito.

Si prefieres intentarlo con algún rasgo mental del que desearías deshacerte, el proceso funciona de la misma manera. Empieza cultivando el rasgo opuesto, piensa en él y manifiéstalo con todo tu empeño. Luego observa el cambio que te llegará. No te desanimes ante la resistencia que aparece al principio, eso nunca, di con alegría "Puedo hacerlo y lo haré", y esfuérzate. Lo que importa en este caso es mantenerse alegre e interesado en el proceso. Si lo consigues, el resto es pan comido. De verdad.

CAPÍTULO 13

EL PODER DE LA ATRACCIÓN: LA FUERZA DEL DESEO

"A mayor deseo, mayor el amor que le debes profesar, así más intensa será la fuerza de atracción que te proporcione las cosas que quieres en tu vida."

Ya te he comentado la necesidad de deshacernos del miedo, y de la importancia de que tus deseos se expresen con la mayor fuerza posible para poder deshacernos de él. Suponiendo que hayas llegado a dominar esa parte importante del proceso, ahora tendrás que prestar atención a las filtraciones mentales. No, no me refiero a las filtraciones que proceden de tu fracaso en mantener tus propios secretos, esto también es importante, pero forma parte de otra historia. La filtración a la que me refiero es la que ocasiona el hábito de que la atención divague o atraiga cualquier fantasía o capricho.

Para conseguir algo es necesario que la mente se enamore de ello, y sea consciente de su existencia, casi excluyendo todo lo demás. Debes enamorarte de aquello que deseas obtener.

Igual que si conocieses a la persona perfecta con la que quieres vivir el resto de tu vida, debes dirigir todo tu amor hacia el objeto de tu deseo. No quiero decir que debas convertirte en un monomaniaco del tema, ni que dejes de interesarte en cualquier otra cosa de este mundo, eso no funcionaría, la mente debe recrearse. Lo que quiero decir es que debes estar tan "concentrado" en el objeto deseado, que todo lo demás debe pasar a un segundo plano.

Un hombre enamorado puede resultar muy amable para el resto, y llevar a cabo sus tareas y gozar de los placeres de la vida con buen talante, pero en el interior todo lo que se dice a sí mismo es: "para mí esta chica es lo más importante", y todas sus acciones se centran en torno a ella, creando un hogar lo más cómodo posible para ella. ¿Entiendes lo que quiero decir?

Debes enamorarte de aquello que deseas, y debes enamorarte hasta el fondo, olvídate de esa idea moderna "hoy te quiero, mañana no". Tiene que ser un amor a la antigua, desproporcionado, como cuando el amante no podía conciliar el sueño y se postraba debajo del balcón de su amada a medianoche. ¡Así debe hacerse! ¡Déjate llevar por su amor!

> Las personas que buscan el éxito deben convertir aquello que desean en su principal pasión.

Pero no te dejes llevar por los celos, el éxito siempre provoca celos. Le reclama al hombre todo su afecto. Si un hombre se desvía de su principal interés, acabará siendo un perdedor. La fuerza mental opera cuando está concentrada. Hay que dedicarse a lo que se desea con todas las fuerzas posibles. Igual que un hombre que está enamorado no deja de hacer planes con los que pueda complacer a su dama de turno, lo mismo hará aquel que esté enamorado de su trabajo o negocios, o lo que sea. El resultado será que cien planes se manifestarán, como por arte de magia, en el plano de la conciencia, muchos de ellos de gran importancia.

> Recuerda, la mente opera en el plano subconsciente, y casi siempre según el deseo o pasión predominante. Solucionará cosas y creará planes y proyectos, que surgirán en tu conciencia cuando más lo necesites, y sentirás ganas de llorar de alegría, como si hubieses recibido una gran ayuda del exterior.

Pero si dispersas tu fuerza de pensamiento, la mente subconsciente no sabrá cómo agradarte, y el resultado será que no recurrirás a esta fuente de ayuda y asistencia. Además, no serás consciente del potente resultado de concentrar el pensamiento en la elaboración consciente de los detalles de tus planes.

La persona, cuya mente está llena de una docena de intereses, fracasa a la hora de ejercer el poder de atracción que manifiesta quien solo tiene una pasión que le rige, y no puede atraer personas, cosas o resultados que le apoyarían en el trazado de sus planes; también fracasará a la hora de colocarse en la corriente de atracción en la que entraría en contacto con quienes estarían encantados de ayudarle, ya que compartirían intereses.

Me he dado cuenta, por mis propias experiencias, que cuando permito que cualquier distracción externa me desenfoque de mi línea de trabajo habitual, no pasa mucho tiempo antes de que comience a devolver recibos y que mis proyectos demuestren claros signos de falta de vitalidad.

Ahora, habrá quien diga que la causa es que he dejado sin hacer algunas cosas que podría haber hecho si mi mente hubiera estado concentrada en ellas. Es cierto, pero también he percibido resultados similares en casos en los que no había nada que hacer, en los que la semilla estaba sembrada y la cosecha no tenía más que madurar. En esos casos tuve que volver a enfocarme con fuerza para que las semillas volviesen a germinar. No quiero decir que tuviese que emitir una gran cantidad de ondas mentales con la idea de afectar a otras personas… para nada. Simplemente empecé a darme cuenta de que me encontraba en posesión de algo muy beneficioso, que interesaba a otros cientos de personas, y que estaba encantado de que todo el mundo pudiera acceder a ello. Mi pensamiento parecía revitalizar el trabajo, y las semillas daban por fin sus primeros frutos. No es ninguna fantasía, lo he podido experimentar en múltiples ocasiones. He hablado con otras muchas personas de este tema y he descubierto que sus experiencias encajaban con las mías a la perfección. Así que no hay que caer en el hábito de permitir esas filtraciones mentales.

Mantén el deseo fresco y activo, y deja que se lleve a cabo su trabajo sin interferencias de deseos contrarios.

Mantente enamorado de aquello que quieres alcanzar, alimenta tu fantasía con ello, considéralo conseguido, y no pierdas jamás el interés por el objeto de tu deseo.

Presta la atención necesaria a tu interés principal, y mantén tu pasión dirigida fuerte y vigorosa. No seas un polígamo mental; el ser humano solo necesita un amor mental, es decir, ve uno a uno con tus deseos.

Algunos científicos han afirmado que algo que podríamos llamar "amor" subyace en el fondo de toda vida. Sostienen que el amor de la planta por el agua hace que extienda sus raíces hasta encontrar aquello que aman. Dicen que el amor de la flor por el sol la hace apartarse de los lugares oscuros, para poder así recibir la luz. Las llamadas "afinidades químicas" son realmente una forma de amor. Y el deseo es una manifestación de ese amor de la vida universal. Así que no estoy solo utilizando una metáfora cuando te digo que debes amar aquello que deseas conseguir. Nada excepto un amor intenso te permitirá superar los numerosos obstáculos que se alzarán en tu camino.

A mayor deseo, mayor el amor que le debes profesar; así más intensa será la fuerza de atracción que te proporcione las cosas que quieres en tu vida, tanto en tu interior como fuera de él.

Recuerda esto siempre: **ama, con esta intensidad, solo una cosa a la vez, no seas un polígamo mental**.

CAPÍTULO 14

LAS GRANDES FUERZAS DEL MOVIMIENTO

"Con energía y una implacable determinación supera-
rás temibles barreras y grandes obstáculos, todos los
que se te presenten por delante."

Hay grandes diferencias entre las personas que triun-
fan en la vida y las que fracasan.

Supongo que a estas alturas del libro apreciarás las diferencias que caracterizan a las dos clases de personas.
Vamos a seguir profundizando en ellas.

Burton dijo:

"Cuanto más vivo, más seguro estoy de que **la gran dife-**
rencia entre los seres humanos, el débil y el poderoso,
es la energía y una determinación inquebrantable de
ir en pos de un propósito. Esta cualidad hará que todo
resulte posible de conseguir en este mundo. Ningún
talento, circunstancias u oportunidades convertirán a una
criatura de dos patas en un hombre si carece de ella."

Con energía y una implacable determinación superarás temibles barreras y
grandes obstáculos, todos los que se te
presenten por delante.

Para que sea del todo eficaz, **debes utilizar la energía y la determinación inquebrantable juntas**. La energía sin determinación se desperdicia. Muchos seres humanos tienen energía, tanta que les rebosa, y, sin embargo, carecen de concentración, de fuerza concentrada que les permitiría conducir su energía hacia el lugar adecuado. La energía no es algo tan escaso como muchos piensan. Puedo mirar a mi alrededor en cualquier momento y señalar unas cuantas personas que conozco que están llenas de energía, a muchas parece sobrarle; no obstante, por algún motivo, no parecen avanzar. No hacen más que malgastar sus energías. Ahora se encaprichan de una cosa y luego de la siguiente. Se ocuparán de algún asunto sin interés ni importancia, y malgastarán energía y fuerza nerviosa, y cuando se den cuenta, resultará que no han conseguido nada. Nada de nada, desperdiciar su tiempo y las posibilidades que la vida le da, eso será todo.

Otras que cuentan con mucha energía fracasan a la hora de dirigir la fuerza de voluntad hacia aquello que desean. "Determinación inquebrantable", esas son las palabras. "¿No te estremeces con su fuerza?" Si tienes algo que hacer, ponte a ello y hazlo.

Reúne tu energía y después guíala y dirígela con tu voluntad, haciendo hincapié en esa "determinación inquebrantable", y conseguirás lo que quieras. Lo que quieras.

Todo el mundo cuenta con una gran voluntad en su interior, pero la mayoría somos demasiado perezosos para utilizarla. Debemos animarnos lo suficiente como para decir, de forma sincera: "¡Lo conseguiré!". Si pudiéramos armarnos de valor hasta ese punto, y luego sujetarlo para que no se nos escurriese entre las manos, seríamos capaces de utilizar ese maravilloso poder: la voluntad humana.

El hombre no tiene nada más que una ligera idea sobre el poder de la voluntad, pero aquellos que han estudiado las grandes fuerzas de la vida, saben que **la voluntad es una de las grandes fuerzas dinámicas del universo y que si se aprovecha y dirige de manera adecuada, es capaz de lograr cosas casi milagrosas.**

"Energía y determinación inquebrantable" ¿No son palabras magníficas? Grábatelas en la memoria, apriétalas en la cera de tu mente como si fuesen una cuña, y serán una constante inspiración para ti en el momento que las necesites. Si puedes obtener estas palabras vibrando de tu ser, serás un gigante entre pigmeos. Repítelas una y otra vez, y verás cómo te encuentras lleno de nueva vida, verás cómo circula tu sangre, como hormiguean tus nervios. Convierte esas palabras en parte de ti y después vuelve renovado a la batalla de tu vida, renovado y reforzado. Ponlas en práctica. "Energía y determinación inquebrantable"… deja que ese se convierta en el lema de tu vida cotidiana, y serás uno de los escasos individuos capaces de "hacer las cosas que realmente quiere en su vida".

Muchas personas se subestiman en comparación con aquellas que triunfan en la vida, o sobrevaloran a estas en comparación consigo mismas.

Todos estamos hechos del mismo material, nadie es diferente a otro. Si uno puede triunfar, cualquier otro puede hacerlo. ¿Dónde se encuentra la grandeza de sus éxitos? Principalmente en lo siguiente: creen en sí mismos y en su poder inherente, en su facultad para concentrarse en la tarea que se traen entre manos cuando trabajan y en su capacidad para evitar filtraciones de energía cuando descansan. Creen en sí mismos y hacen que todo esfuerzo dé resultado. Los triunfadores vierten la sabiduría por dondequiera que vayan.

La gente importante del mundo, —los que han "llegado"— no son tan distintos a ti, o a mí, o del resto de nosotros: en el fondo somos todos de la misma escuela. Solo tienes que conocerlos para darte cuenta de lo "ordinarios" que son. Pero no te olvides del hecho de que ellos saben aprovechar el material del que disponen, mientras que el resto no lo sabe o duda de que lo tenga.

El hombre o la mujer que "llega" empieza dándose cuenta de que no son tan distintos, después de todo, de la gente triunfadora de la que tanto se oye hablar. Eso les inspira confianza, y así consiguen descubrir que son capaces de "hacer cosas positivas en su vida". Luego aprenden a mantener la boca cerrada y a evitar malgastar y dispersar su energía. Almacenan energía y la concentran en lo que están haciendo, mientras que sus compañeros la malgastan en cualquier dirección, intentando mostrar a la gente lo listos que son.

El hombre o mujer que "llega" prefiere esperar al aplauso que sigue a los logros, y se preocupa muy poco de las alabanzas que rodean a las promesas que no le llevan a ninguna parte.

Una de las razones por las que la gente que tiene trato con personas de éxito manifiesta a su vez el éxito, es que son capaces de observar a los triunfadores e imitar los trucos que los tornaron grandes. Ven al triunfador como un hombre normal y corriente, pero que cree totalmente en sí mismo, alguien que no desperdicia energía, sino que reserva todas sus fuerzas para las tareas que le esperan.

Y así, aprovechando el ejemplo, comienzan a poner en práctica en sus propias vidas las lecciones aprendidas.

¿Cuál es la moralina de todo esto? Simplemente esto: no hay que infravalorarse a uno mismo ni sobrevalorar a los demás. Comprende que estás hecho de buena pasta, y que en el interior de tu mente hay muchas cosas buenas. Después ponte en marcha y desarróllalas, extrayendo algo bueno de esta buena pasta. Consíguelo poniendo atención a lo que tienes ante ti y dando a cada una de ellas lo mejor de ti mismo, sabiendo que hay en ti muchas y buenas cosas que te ayudarán en todo lo que se te ponga por delante. Dedica lo mejor de ti mismo a la tarea que te ocupe, y no hagas trampas en la tarea actual en pro de otra que pudiera aparecer en un futuro. Tu suministro es inagotable. No desperdicies tu buena materia para tu tarea, y no tengas prisa en recibir los aplausos.

Deja de hacer el tonto y ponte a trabajar en serio. Deja de malgastar buena materia prima y empieza a trabajar en el proyecto de tu vida haciendo algo de provecho.

No hay nada tan "divino" en esta enseñanza, pero es justo lo que necesitas.

CAPÍTULO 15

RECLAMA LO QUE TE PERTENECE

"Todo lo que hay en el universo te pertenece como heredero directo, por el simple hecho de nacer y estar aquí. Reclama aquello que necesites con la determinación del que solicita que le entreguen algo que es suyo."

Si todo lo que imaginas y deseas ya es tuyo, reclámalo. Atráelo a tu vida.

En una reciente conversación le dije a una mujer que reuniese valor para alcanzar algo bueno que llevaba ansiando desde hace muchos años, y que, al final, podía estar a su alcance. Le dije que daba la impresión de que su deseo estaba a punto de verse realizado, que la Ley de la Atracción lo atraía hacia ella. Le faltaba tener fe en sí misma, y no paraba de repetir. "¡Oh!, demasiado bueno para ser cierto!". Parecía no haber superado la etapa de sentirse como un gusano arrastrándose por el suelo lleno de polvo, y aunque tenía a la vista su tierra prometida, se negaba a entrar porque era "demasiado buena para ella". Yo creo que tuve éxito en darle esa "chispa" para que diese un paso adelante, ya que lo último que he sabido de ella me indica que está tomando posesión de ello.

Pero eso no es lo que quería contaros. Quiero que centréis vuestra atención en el hecho de que nada es demasiado bueno para vosotros —no importa lo grandiosa que pueda ser esa cosa— ni importa lo indigno que pueda parecer. Tienes derecho a todo lo mejor; pues esa es tu herencia directa. Así que **no tengas miedo en pedir, exigir o tomarlo.**

Las cosas buenas del mundo no son de ningún "hijo favorito". Pertenecen a todos, pero solo se acercan a aquellos que son lo suficientemente sabios como para reconocer que son suyas por derecho, aquellos que tienen el coraje suficiente para ir detrás de ellas.

Muchas cosas espléndidas se pierden porque nadie las pide; muchas cosas espléndidas las pierdes porque eres indigno de ellas. Muchas cosas grandes se te escapan porque careces de la confianza y del valor para pedirlas y tomar poder sobre ellas.

"Nadie merece la belleza a excepción de los valientes", dice una vieja canción, y la regla se cumple en todos los sentidos del empeño humano. Si no dejas de repetirte que tú no eres merecedor de algo bueno, que es demasiado grande para ti, se cumplirá a rajatabla la Ley de la Atracción y atraerás lo que no quieres. Se trata de una característica de la Ley: si crees en aquello que dices, la Ley te toma en serio. Así que ten cuidado con aquello que dices, porque se lo acabará creyendo. Afirma que eres digno de lo mejor que existe, que no hay nada demasiado bueno para ti, y lo más probable es que la ley te tome en serio y diga: "Creo que tiene razón. Voy a darle todo lo que quiere. Conoce sus derechos, así que ¿para qué negárselo?". Pero si insistes en asegurarte de que "¡Oh, es demasiado bueno para mí!" es probable que la ley se diga a sí misma: "No estoy segura de que sea así, pero él sabrá. Seguro que lo sabe y no voy a ser yo quien vaya a llevarle la contraria".

¿Por qué no hay nada demasiado bueno para ti? ¿Por qué? ¿Alguna vez te has parado a pensar lo grande que eres realmente?

Eres una manifestación del Todo, y tienes perfecto derecho a todo lo que existe. O, si lo prefieres de este modo, eres un hijo del infinito, y ERES EL HEREDERO DE TODO. Todo es tuyo.

Cuanto más empeño pongas en pedir, cuanta más confianza tengas, más cerca te encontrarás de alcanzarlo.

Un fuerte deseo, una expectativa con fe y el coraje en acción, es aquello que acaba proporcionándote todo lo que te pertenece. Pero antes de que pongas esas fuerzas en marcha, debes despertar y tener claro que solo estás pidiendo lo que te pertenece, y no hay nada que no tengas derecho a reclamar. Mientras exista en tu mente el mínimo grado de duda respecto a tu derecho a las cosas que deseas, estarás creando una resistencia al funcionamiento de la Ley. Reclamarás con todo el vigor del mundo, pero no tendrás el coraje suficiente para pasar a la acción si mantienes una sombra de duda sobre tu derecho a conseguir aquello que deseas. Si insistes en considerar aquello deseado como si perteneciese a otro en lugar de a ti mismo, estarás adoptando la postura de un envidioso o avaricioso, o incluso la de un ladrón. En ese caso, tu mente se rebelará y no querrá seguir con su trabajo, pues se sentirá repelida de forma instintiva ante la idea de tomar lo que no le pertenece, pues la mente es honesta.

> Cuando nos damos cuenta de que lo mejor del universo te pertenece como heredero divino, y que hay suficiente para todos sin que tengas que quitárselo a nadie, entonces desaparece toda fricción, la barrera cae desplomada y la Ley procede a hacer su tarea.

Si te soy sincero, no creo en eso de la "humildad". Esa actitud mansa y modesta no me llama la atención, no tiene ningún sentido. La idea de inclinarte a favor de esas actitudes cuando el ser humano es el heredero del universo (y tiene derecho a todo lo necesario para su crecimiento, felicidad y satisfacción) me parece completamente absurda. No me refiero a que haya que adoptar una actitud fanfarrona y acaparadora. Eso también sería absurdo, ya que la verdadera fuerza no proviene de ponerse uno en evidencia y dárselas de importante. Un fanfarrón es un ser débil confeso: fanfarronea para ocultar sus debilidades. El hombre fuerte es sereno, tranquilo y lleva en él la conciencia de la fortaleza que convierte en innecesario el fanfarronear y la declaración sin ton ni son de su fortaleza.

Debemos alejarnos del espejismo de la "humildad", de esa actitud "mansa y modesta". Echa la cabeza hacia atrás y mira al mundo de frente. No hay nada que temer, el mundo también puede tenerte miedo y gritarte. Sé un hombre o una mujer, y no un objeto que gime. Y esto puede aplicarse a tu actitud mental, así como a tu comportamiento externo. **Pon fin a esa actitud mental que gimotea**. Ponte bien derecho y mira a la vida sin miedo; poco a poco irás convirtiéndote en tu ser ideal.

No hay nada demasiado bueno para ti, nada de nada. Lo mejor de lo mejor no es ni siquiera lo suficientemente bueno para ti, ya que por delante tienes cosas mucho mejores. El mejor regalo que el mundo puede ofrecerte es una mera burla comparado con las grandes cosas que te esperan en el cosmos. Así que no tengas miedo de lanzarte hacia todo eso. Lánzate a por ellas, atrapa un buen puñado, juega con ellas hasta que te canses, para eso están hechas. Están ahí para nuestro uso exclusivo, no para que las observemos de lejos. Sírvete tu mismo, hay cientos de estos juguetes esperando a tus deseos y órdenes. ¡No seas tímido! No quiero escuchar más tonterías sobre las cosas demasiado buenas para ti. ¡Bah! Has sido como el hijo pequeño del emperador, que cree que los soldados de hojalata y el tambor de juguete son demasiado buenos para él. Pero los niños no son siempre así. De forma instintiva reconocen que no hay nada que sea demasiado bueno para ellos. Quieren todo lo que tienen ante sí para jugar, y parecen sentir que tienen derecho a todas las cosas. Y esa es la condición mental que los buscadores en la Aventura Divina debemos cultivar. **A menos que seamos como niños pequeños, no podremos acceder al Reino de los Cielos.**

Todo lo que vemos a nuestro alrededor son los juguetes de la guardería de Dios, juguetes que utilizamos en nuestras tareas de jugar. Sírvete tu mismo, pídelos sin vergüenza, tantos como puedas utilizar... todos te pertenecen. Y si no ves lo que quieres, pídelo, hay una gran reserva disponible en estanterías y armarios. **Juega, juega y juega, hasta que no puedas más**. Aprende a levantar casas con ladrillos, a crear ordenadores, escribe libros, filma películas. Hagas lo que hagas, juega de corazón y juega bien. Y pide todos aquellos materiales que necesites para jugar. ¡Y no tengas miedo, hay suficiente para todos!

Diviértete y aprovecha al máximo todas estas cosas. Métete en el juego hasta el fondo y disfruta. Es bueno hacerlo. Pero, aquí hay algo que debes recordar: nunca deberás perder de vista a todas esas cosas tan buenas que no son más que juguetes, parte del juego, y debes de estar dispuesto a dejarlos de lado cuando llegue el momento de pasar a la clase siguiente, y no llorar ni quejarte porque debes de dejar a los juguetes atrás. No debes aferrarte a ellos, ya que aunque son para tu uso y disfrute, no son parte de ti, no son esenciales para tu felicidad en la siguiente etapa. No los desprecies por su falta de sentido de la realidad, ya que son cosas relativamente maravillosas, y puedes disfrutar tanto como desees de ellas. No seas un mojigato espiritual, manteniéndote a un lado y negándote a unirte al juego. Pero no te ates a los juguetes, que son buenos para usarlos y jugar con ellos, pero no lo bastante para usarte a ti y convertirte en un juguete. No permitas que los juguetes cambien los papeles.

Esta es la diferencia entre ser el dueño de las circunstancias y el esclavo de las circunstancias. El esclavo piensa que estos juguetes son reales, y que él no es lo suficientemente bueno como para tenerlos, por eso solo coge unos pocos juguetes, porque tiene miedo a pedir más, conseguirlos y perderlos en otro momento. Tiene miedo de que se los quiten y no es capaz de gatear por el suelo e ir en busca de otros. El dueño sabe que puede pedir por todo lo que se le ocurra encargar. Pide lo que necesita día a día y no se preocupa por sobrecargarse; sabe que hay "mucho más", y que no puede privarle de todo. El juega, y lo hace bien y pasa un buen rato mientras juega. Pero no se aferra demasiado a los juguetes. Está dispuesto a dejar de lado los juguetes viejos y alargar la mano para coger uno nuevo. Y cuando le dicen que debe de pasar al aula superior, suelta los juguetes que ha usado en el suelo ese día y con brillo en los ojos y una actitud mental confiada, entra en la nueva aula (ese Gran Desconocido), con una sonrisa en su rostro. No tiene miedo, ya que escucha la voz del profesor, y sabe que le están esperando, en esa gran aula superior y nuevo, donde un mundo de infinitas posibilidades le espera.

CAPÍTULO 16

LEY UNIVERSAL, NO AZAR

"Si sintonizas tu mente con el tono del coraje, confianza, fuerza y éxito, atraerás hacia ti pensamientos y personas de naturaleza similar, así como cosas que puedan encajar en tu melodía mental."

La Ley de la Atracción es un principio universal que siempre se cumple, no tiene nada que ver con el azar o la suerte.

Hace algún tiempo hablé con un hombre sobre el poder de la atracción a través del pensamiento. Me dijo que no creía que el pensamiento pudiera atraer nada hacia él , y que todo era cuestión de suerte. Me comentó que había descubierto que la mala suerte le perseguía sin darle descanso, y que todo lo que tocaba salía mal. Siempre había sido así, y siempre sería así, se había acostumbrado a ello. Cuando se disponía a emprender algo nuevo, conocía de antemano que acabaría mal y que de ello no saldría nada de provecho. Para él, en la teoría de la atracción a través del pensamiento, no había nada que fuera cierto. No. ¡Todo era cuestión de suerte!

Este hombre no se daba cuenta de que por medio de su confesión estaba argumentando a favor de la Ley de Atracción. Dijo que la mala suerte lo había gafado completamente, y que todo lo que intentaba, le salía mal. Siempre esperaba que fuese así. No se daba cuenta de que era esclavo de sus propias palabras, de sus propios pensamientos, y que la Ley de la Atracción estaba actuando en todo momento dándole la razón y no encontrábamos argumento alguno que pudiera llegar a convencerlo de lo contrario. Estaba "en contra", y no había forma de que cambiara: siempre esperaba la mala suerte y siempre acababa teniendo razón; no obstante, para él, la postura de la Ciencia Mental era algo que no tenía sentido.

Hay mucha gente que piensa que la única manera para que funcione la Ley de la Atracción es que uno se concentre en lo que desea con muchas ganas y de manera continuada. No parecen darse cuenta de que una creencia intensa es tan eficaz como un deseo intenso.

El triunfador cree en sí mismo y en su éxito final, sin hacer caso alguno a los pequeños contratiempos, adversidades, tropiezos y resbalones. Se da prisa y se dirige con ganas hacia la meta, sin dejar de estar seguro en ningún momento de que llegará allí. Sus metas y opiniones pueden variar mientras progresa, e incluso puede cambiar sus planes o hacer que se los cambien, pero todo el tiempo, en lo más profundo de su corazón, sabe que acabará "llegando a ese sitio". No espera constantemente que llegue, solo cree que llegará, lo siente, y de ese modo pone en marcha las fuerzas más potentes que conocemos en el mundo del pensamiento.

El hombre que cree que va a fracasar acabará fracasando, sin duda. ¿Cómo podría evitarlo? No hay milagro concreto para ello. Todo lo que hace, piensa y dice está tintado por el pensamiento del fracaso. Otras personas atrapan este espíritu, y por tanto no confían ni en él ni en sus habilidades, lo que hace que piensen que se trata de manifestaciones de su mala suerte, en vez de las que atraen a través de sus creencias y expectativas de fracaso. Se pasan todo el tiempo sugiriéndose pensamientos de fracaso, y de forma invariable toman los efectos de la autosugestión.

También, en este caso, por sus pensamientos negativos, bloquean esa parte de la mente de la que deberían llegar ideas y planes que les condujesen al éxito, a los que tienen acceso quienes esperan el éxito porque creen en él. Un estado de desánimo no es el que atrae a las ideas brillantes.

Solo cuando estamos entusiasmados y esperanzados nuestras mentes trabajan en las ideas brillantes que podemos aprovechar para llegar al éxito.

La actitud mental imperante crea una atmósfera; cuando es negativa notamos que el ambiente está cargado, hablamos, incluso, de "malas vibraciones", ¿no es cierto? Solo hay una solución: ¡limpia tu atmósfera mental! **Descarga todo ese ambiente negativo y sustituye tus pensamientos indeseados por otros que te lleven donde estás deseando ir.**

No existe el azar. La ley lo sostiene todo en todas partes debido a su propia manera de operar. No puedes nombrar una simple cosa que haya ocurrido en ningún momento por azar. Intenta analizar la cuestión hasta sus últimas consecuencias, y así comprobarás que es resultado de la Ley. **Es tan evidente como las matemáticas. Propósito y planificación, causa y efecto**. Desde los movimientos de los mundos hasta el crecimiento de una semilla de mostaza… todo se debe al resultado de la Ley. La caída de una roca por la falda de la montaña no es algo que suceda por azar, sino que sucede porque existen unas fuerzas que llevan operando durante siglos para causarla. Y tras esas causas, hay otras causas, y así sucesivamente hasta alcanzar la Causa Incausada.

La vida no es resultado del azar. La Ley está aquí para cumplir su función natural, la de darte aquello que necesitas para vivir como quieres vivir. La Ley opera a pleno rendimiento tanto si crees en ella como si no, tanto si la conoces como si no.

Puedes ser el objeto ignorante sobre el que actúa la Ley, y traer contigo todo tipo de problemas por tu ignorancia o por tu oposición a la Ley. O bien puedes alinearte con las operaciones de la Ley, meterte en la corriente, por decirlo de algún modo, y a partir de entonces La Vida te parecerá algo muy distinto. No puedes salirte de la Ley diciendo que no tienes nada que ver con ella. Tienes toda la libertad para oponerte a ella o producir toda la confrontación que desees, pero eso no afecta a la Ley. Perderás el tiempo hasta que aprendas la lección.

La Ley de la Atracción del Pensamiento es uno de los nombres para esta Ley, o mejor dicho, es una de las manifestaciones de esta. Como ya he dicho, **tus pensamientos son cosas reales**. Salen de ti en todas las direcciones, combinándose con otros pensamientos de un tipo parecido, con pensamientos opuestos de distinto carácter, creando combinaciones, yendo hacia donde son atraídos, alejándose de centros de pensamiento opuesto. Y tu mente atrae aquellos pensamientos que otros han enviado de forma consciente o inconsciente. Pero solo atrae aquellos pensamientos que se encuentran en armonía con los propios pensamientos.

Los semejantes se atraen y los opuestos se repelen en el mundo del pensamiento y de las posibilidades infinitas.

Si sintonizas tu mente con el tono del coraje, confianza, fuerza y éxito, atraerás hacia ti pensamientos y personas de naturaleza similar, así como cosas que puedan encajar en tu melodía mental.

Tus pensamientos o humor predominante determinan lo que se siente atraído hacia ti, elige a tus compañeros de cama mentales. Hoy estás poniendo en marcha corrientes de pensamiento que con el paso del tiempo atraerán hacia ti otros pensamientos, personas y condiciones en armonía con la tonalidad predominante de tu pensamiento. Tu pensamiento se mezclará con todos aquellos de naturaleza y mente semejante, y os sentiréis atraídos entre vosotros, y con total seguridad os uniréis tarde o temprano en un propósito común, a no ser que uno u otro cambie la corriente de sus pensamientos.

Sumérgete en las operaciones de la Ley. Hazla parte de tu vida. Entra en su corriente. Mantén tu planta. Sintoniza tu mente en la tonalidad del coraje, clave y éxito. Mantén contacto con todos los pensamientos de ese tipo que emanan de forma continua de cientos de mentes en el universo.

Aprovecha lo mejor que puedas encontrar en el mundo del pensamiento. Lo mejor está ahí, así que no te conformes con menos. Entra en contacto con buenas mentes. Entra en contacto con las vibraciones correctas.

Deja de atraer ya lo que no deseas, únete a la fuerza y entra en armonía con la Ley de la Atracción en el mundo de las posibilidades infinitas. ¡Y disfruta!

Bienvenido/a.

CAPÍTULO EXTRA

FRASES INSPIRADORAS SOBRE LA LEY DE LA ATRACCIÓN

Atraemos a nuestra vida todo lo que entra en nuestro nivel de sintonía, aquello que vibra de la misma manera que los pensamientos y sentimientos que lanzamos al mundo. Es decir, atraemos lo que "somos", no lo que simplemente queremos o deseamos.

Somos aquello en lo que creemos.
WAYNE W. DYER

Es importante recordar que todos tenemos dentro de nosotros la magia.
J. K. ROWLING

Todo lo que la mente puede concebir, se puede lograr.
W. CLEMENT STONE

Usted es un imán viviente. Lo que atraes a tu vida está en armonía con tus pensamientos dominantes.
BRIAN TRACY

Toda materia existe en virtud de una fuerza. Debemos asumir tras esa fuerza la existencia de una mente consciente e inteligente. Esa mente es la matriz de toda la materia.

MAX PLANCK

No eres los pensamientos, eres el espacio desde el cual surgen los pensamientos. ¿Y qué es ese espacio? Es la conciencia misma. La conciencia que no tiene forma. Todo lo demás en la vida tiene forma. En esencia somos esa conciencia sin forma que está detrás de los pensamientos.

ECKHART TOLLE

Tú eres el conductor de tu mente, así que toma el control y mantenla ocupada con tus instrucciones indicándole a donde quieres que vaya. Tu mente solo se maneja por su cuenta si no le dices qué hacer.

RHONDA BYRNE

Parece que muchos de nosotros vamos por la vida sintiéndonos celosos, culpables, asustados o tristes, y adoptamos hábitos que nos perpetúan las mismas experiencias que afirmamos no desear. Si te invaden los celos, el enojo, la tristeza o el miedo y no exploras la causa subyacente, continuarás creándolos en tu vida.

LOUISE L. HAY

La mente es un imán poderoso y, como tal, atrae a todo aquello que corresponda a su estado dominante. La expectación dicta qué estado dominante prevalecerá y gobierna, por tanto, lo que es correspondiente a la mente y atraído hacia la vida de uno. La expectación puede ser tanto bendición como maldición, y en ambos casos resulta la fuerza invisible más poderosa en la vida.

JOHN KANARY

Mirar los logros o resultados de otra persona y envidiarlos es realmente poco sabio, porque esas personas primero eligieron sus pensamientos para construir una imagen en su mente del bien que ahora se manifiesta en su vida, y eligieron esos pensamientos en la fuente infinita de abastecimiento a la que tenemos accesos todos, ¡usted también!

BOB PROCTOR

Renueva tu mente con buenos pensamientos, y estos se materializarán rápidamente en tu vida exterior en forma de circunstancias positivas. Controla las fuerzas de tu alma y serás capaz de dar forma a tu vida exterior como quieras.

JAMES ALLEN

Un sueño es algo muy frágil, pero también puede ser lo más poderoso del mundo. Necesita, sin embargo, verse reforzado constantemente, de tal modo que eche raíces firmes y profundas en el subconsciente y tiene que verse apoyado por un plan concreto y alcanzable. Es entonces cuando se produce la magia: entran en juego toda clase de fuerzas, que contribuyen a manifestar el sueño que has tenido.

MARC ALLEN

"Imposible" es solo una palabra que usan los hombres débiles para vivir fácilmente en el mundo que se les dio, sin atreverse a explorar el poder que tienen para cambiarlo.
"Imposible" no es un hecho, es una opinión.
"Imposible" no es una declaración, es un reto.
"Imposible" es potencial.
"Imposible" es temporal,
"Imposible" no es nada.

MUHAMMAD ALI

Establecer metas es el primer paso para transformar lo invisible en visible.

ANTHONY ROBBINS

Nuestro destino cambia con nuestros pensamientos, nos convierte en lo que queremos ser, hacemos lo que queremos hacer, cuando nuestro pensamiento habitual se corresponde con nuestro deseo.

ORISON SWETT MARDEN

Puedes confirmar tu control sobre cualquier emoción, apetito, pasión o pensamiento gracias a la reafirmación de la voluntad. Puedes ordenar que el miedo retroceda, o que los celos te abandonen, o que el odio desaparezca de tu vista, o que la cólera se oculte, o que la preocupación deje de molestarte. El apetito descontrolado y la pasión se someterán y pasarán a ser humildes esclavos en lugar de señores, y todo ello gracias a la reafirmación del "Yo". Puedes rodearte de igual manera de la gloriosa compañía del coraje, el amor y el autocontrol. Puedes aplastar la rebelión e instaurar la paz y el orden en tu reino mental siempre que expreses el mandato e insistas en que se lleve a cabo. Antes de pasar a ser imperio debes de establecer las condiciones internas adecuadas: demostrar la capacidad para gobernar tu propio reino. La primera batalla es la conquista del ser inferior por el Verdadero Ser.

WILLIAM WALKER ATKINSON

Con tus ojos cerrados y tu cuerpo físico inmovilizado induce un estado similar al del sueño y entra en la acción como si fueras un actor haciendo la parte. Experimenta en la imaginación lo que experimentarías en persona si estuvieras en posesión de tu objetivo. Haz que ese otro lugar sea AQUÍ y que "el entonces" sea AHORA. Y tu YO mayor, usando un enfoque más amplio, utilizará todos los medios para manifestar aquello con lo que están en consonancia.

NEVILLE GODDARD

Todo el proceso de reprogramación mental puede resumirse en una palabra: GRATITUD.
En primer lugar: crees que existe una Sustancia Inteligente, de la cual proceden todas las cosas.
En segundo lugar: piensas que esa sustancia te concede todo lo que deseas.
Y en tercer lugar: te relacionas con esa sustancia mediante un intenso y profundo sentimiento de gratitud.

WALLACE D. WATTLES

Algunas personas quieren que algo ocurra, otras sueñan con que pasará, otras hacen que suceda.

MICHAEL JORDAN

¿Qué vas a hacer tú ahora…?

ÍNDICE

Nos encuentras en:

www.mestasediciones.com